성경이 이끄는 기도

KB191942

성경이 이끄는 기도

발행일	2020년 8월 21일

지은이	이성호		
펴낸이	손형국		
펴낸곳	(주)북랩		
편집인	선일영	편집	정두철, 윤성아, 최승헌, 최예은, 이예지
디자인	이현수, 한수희, 김민하, 김윤주, 허지혜	제작	박기성, 황동현, 구성우, 권태련
마케팅	김회란, 박진관, 장은별		
출판등록	2004. 12. 1(제2012-000051호)		
주소	서울특별시 금천구 가산디지털 1로 168, 우림라이온스밸리 B동 B113~114호, C동 B101호		
홈페이지	www.book.co.kr		
전화번호	(02)2026-5777	팩스	(02)2026-5747

ISBN	979-11-6539-352-6 03230 (종이책)	979-11-6539-353-3 05230 (전자책)

이 도서의 국립중앙도서관 출판예정도서목록(CIP)은 서지정보유통지원시스템 홈페이지(http://seoji.nl.go.kr)와
국가자료공동목록시스템(http://www.nl.go.kr/kolisnet)에서 이용하실 수 있습니다.
(CIP제어번호: 2020034673)

* 이 책에 사용한 『성경전서 개역개정판』의 저작권은 재단법인 대한성서공회 소유로서 허락을 받고
사용하였습니다.

성경적인 기도 원리

성경이 이끄는 기도

이성호 지음

북랩 book Lab

들어가면서

기도의 사전적 의미는 사람보다 능력이 탁월하다고 인식하는 어떤 절대적인 존재에게 비는 행위 또는 의식을 말합니다. 모든 종교는 절대적인 존재에게 각자의 방식대로 기도를 합니다. 오래전 우리 어머니들은 아침 일찍 일어나 우물에 가서 정화수를 떠다가 장독대에 올려놓고 가족들을 위하여 기도를 하였습니다. 누구에게 비는지도 모르고 지극정성으로 가족들의 복을 빌었습니다. 그런데 우리 어머니들의 기도 모습 속에 하나님을 믿는 우리의 기도 모습이 떠오르는 것은 무슨 까닭일까요? 교회는 만민이 기도하는 집입니다. 성도는 기도하는 사람입니다. 모든 교회와 모든 성도는 기도를 합니다. 기도를 하지 않는 교회나 성도는 없습니다. 그러나 기도하는 성도들의 모습을 보면 옛 우리 어머니들의 기도 모습과 별반 다르지 않음을 알 수 있습니다. 그 이유는 그리스도인으로서 성경적인 기도에 대하여 알지 못하고 알지 못함으로 성경적인 기도를 드리지 못하기 때문입니다. 성경적인 기도가 아니면 그리스도인의 기도가 아닙니다. 그렇다면 왜 성경적인 기도에 대하여 알지 못할까요? 그 이유는 기도 자체를 가르쳐 주지 않았기 때문이며 또한 기도를 가르쳐 주었더라도 성경에 기초하여 가르쳐 주지 않았기 때문입니다. 또한 성경에 기초하여 가르쳐 주었더라도 잘못된 성경해석에 의거하여 잘못 가르쳐 주었기 때문입니다. 문제는 많은 교회에서 기도를 가르쳐 주지 않고 있다는 점입니다. 더욱이 기도를 가르쳐 주어야 할 목회자 역시 기도는 많이 하시지만 성경적인 기도를 성도들에게 가르쳐 주기에는 다소 부족한 점이 있습니다. 그러므로 성도 스스로 기도는 무조건 그냥 하면 된다는 생각을 가지고 다른 사람들의 기도하는 모습을 어깨너머로 배워 기도를 하거나 아예 기도를 포기하는 것입니다. 즉 개인적 차원에서 주먹구구식으로 배우고 있는 게 현실입니다. 하나님은 이러한 우리들의 기도 모습을 보고 슬퍼하고 계십니다.

이제부터라도 교회 차원에서 성경적인 기도 교육이 반드시 실시되어야 합니다. 성경적인 기도 교육을 통하여 모든 성도들이 하나님의 뜻에 합한 기도자로서, 하나님의 뜻에 합한 기도 내용으로, 하나님의 뜻에 합한 기도 방법으로, 하나님과 친밀한 대화를 나눌 수 있도록 하여야 합니다.

성경적인 기도 교육을 진행할 때는 종합적이고 체계적으로 총론(무엇)과 각론(어떻게)을 같이 가르쳐야 합니다. 또 머리와 마음속에 머무는 교육이 아니라 알고 깨닫고 행하는 지(知)정(情)의(意) 차원의 전인적 기도 교육이 필요합니다. 이와 같이 종합적이고 체계적인 기도 교육을 할 수 있도록 만든 것이 성경적인 기도 원리입니다. 이 책은 단순히 기도의 행위에만 국한하지 않고 성경과 기독교 교리와 접목하여 기도의 본질적인 문제에서부터 실질적인 기도 행위까지 기도에 대한 전반적인 내용을 총망라하였습니다.

이 성경적인 기도 원리의 궁극적인 목표는 모든 성도들이 하나님의 뜻에 합한 기도자가 되어, 하나님의 뜻에 합한 기도 내용과, 하나님의 뜻에 합한 기도 방법으로, 하나님께 기도를 드리고 하나님의 뜻 안에서 기도 응답을 받는 놀라운 은혜를 경험하는 것입니다. 아무쪼록 성경적 기도 원리가 하나님의 뜻에 합한 기도를 드리기 원하는 성도들에게 작은 보탬이라도 되었으면 좋겠습니다. "주여 우리에게도 기도를 가르쳐 주시옵소서."

2020년 8월

이성훈

 **Contents**

Chapter 1

우리 기도의
현주소

성경적인 기도 원리를 말씀드리기 전에 먼저 우리 기도의 현주소를 살펴보는 것이 올바른 순서가 아닐까 생각합니다. 여기에 우리 기도의 현주소를 잘 보여주는 3가지 사례가 있습니다.

사례 1. 대학수학능력시험을 위한 기도회

대학수학능력시험 때만 되면 교회는 물론, 성당이나 사찰 등 어느 곳 할 것 없이 각종 기도회를 준비하는 수험생 자녀를 둔 부모님들로 가득 찹니다. 교회에서는 수험생을 위한 100일 기도회, 40일 기도회, 세이레 기도회, 특별 새벽 기도회, 그리고 시험 당일 기도회까지 다양한 이름으로 기도회를 진행합니다. 매주 날짜와 시간을 정해 놓고 특별 작정 기도회를 하는 교회, 100일 전부터 매 10일째가 되는 날마다 기도회를 하는 교회, 수험생 명부를 따로 작성하여 그들을 위해 집중적으로 기도하는 교회, 주보에 수험생 명단을 게시하면서 긴급 기도를 요청하는 교회, 수험생만 따로 안수 기도하는 교회, 고3 기도회를 하는 교회 등 정말 다양한 방법으로 기도회를 진행하고 있습니다. 이런 기도회는 교회에서만 진행하는 것이 아닙니다. 전국의 사찰에서도 수험생을 위한 100일 기도회, 108일 기도회를 진행하며, 성당에서도 수능 전 100일 기도회, 54일, 9일 기도회를 진행합니다. 심지어 어느 지역에서는 기독교와 천주교, 불교 3개 종교 교단이 공동으로 수능시험 성공 기도회를 가지기도 합니다. 그러면 현재 교회에서 진행되고 있는 대학수학능력시험을 위한 기도회가 과연 성경적인 기도회인지 좀 더 구체적으로 알아보겠습니다. 기도회 형태를 보면 100일 기도회는 교회와 사찰 그리고 성당에서 공통적으로 진행하는 기도회입니다. 토속신앙의 영향을 받은 것으로 추정되는 100일 기도회가 과연 성경적인 기도회일까요? 기도회의 기도 내용을 보면 "공부한 내용이 잘 생각나게 하시고 실수하지 않도록 도와주소서", "원하는 학교에 합격할수록 높은 점수 받게 하소서", "긴장하지 않게 하시고 담대함을 주소서", "공부한 범위 내에서 출제되게 하소서" 등 다분히 기복적인 내용의 기도를 드리고 있습니다. 이와 같은 기도 내용이 과연 성경적인 내용이라 할 수 있을까요?

기도회 방법을 보면 수능시간표에 맞춰 기도하는 방법은 물론, 찬양과 휴식으로 수험생들과 9시간을 같이 호흡하며 기도하는 방법, 수험표를 크게 만들어 학부형들의 목에 걸고 기도하는 방법 등 다양한 방법으로 기도회를 진행하고 있습니다. 이와 같은 기도 방법이 과연 성경적인 방법일까요? 이와 같이 현재 교회에서 진행하고 있는 수능시험 기도회의 형태와 기도 내용, 기도 방법 등을 종합하여 볼 때 과연 이러한 기도회들이 성경적인 기도회인지 의문을 가지게 됩니다. 이번 기회에 성경적인 기도 원리를 통하여 우리 스스로 판단해 보는 시간을 가졌으면 좋겠습니다.

사례 2. 기도 응답에 관한 성경 말씀의 편중 현상과 자의적 해석

먼저 기도 응답과 관련된 성경 말씀의 편중 현상입니다. 성경에는 기도하면 하나님께서 응답해 주신다는 말씀도 있고 응답해 주시지 않는다는 말씀도 있습니다. 그런데 우리는 응답해 주신다는 쪽으로만 치우친 균형 잃은 기도 생활을 하고 있는 것이 문제입니다. 하나님은 기도하면 무조건 응답해 주신다고 믿고 기도하다가 하나님께서 응답해 주시지 않으면 낙심하거나 심한 경우에는 믿음에서 파선하는 경우도 있습니다.

> 구하라 그리하면 너희에게 주실 것이요 찾으라 그리하면 찾아낼 것
> 이요 문을 두드리라 그리하면 너희에게 열릴 것이니 구하는 이마다
> 받을 것이요 찾는 이는 찾아낼 것이요 두드리는 이에게는 열릴 것이
> 니라
>
> - 마태복음 7:7-8

물론, 위의 성경 본문과 같이 구하면 다 응답을 받는다고 말씀하

고 있습니다. 하지만 어떤 성경 본문은 구하지만 응답을 받지 못한다고 말씀하고 있습니다.

> 여러 계시를 받은 것이 지극히 크므로 너무 자만하지 않게 하시려고 내 육체에 가시 곧 사탄의 사자를 주셨으니 이는 나를 쳐서 너무 자만하지 않게 하려 하심이라 이것이 내게서 떠나가게 하기 위하여 내가 세 번 주께 간구하였더니 나에게 이르시기를 내 은혜가 네게 족하도다 이는 내 능력이 약한 데서 온전하여짐이라 하신지라 그러므로 도리어 크게 기뻐함으로 나의 여러 약한 것들에 대하여 자랑하리니 이는 그리스도의 능력이 내게 머물게 하려 함이라
>
> - 고린도후서 12:7-9

사도 바울은 육체의 가시를 제거해 달라고 세 번이나 간구했지만 하나님께서는 거절하였습니다. 그 대신 하나님은 바울에게 네 은혜가 족하다고 말씀하였습니다. 우리는 하나님께서 응답해 주신다는 말씀에만 치우쳐 기도하고 있지는 않은지 우리들 스스로 자문해 보아야 합니다.

다음은 기도 응답에 관련된 성경 말씀의 자의적 해석입니다. 기도에 관련된 성경 말씀을 해석할 때 성경 전체 문맥을 보지 않고 원하는 구절 또는 단어만을 가져다 제멋대로 해석하는 경우가 많습니다. 특히 하나님께서 기도 응답을 해주신다는 성경 구절과 단

어만을 이용해서 하나님을 어떤 소원이라도 들어주는 요술램프처럼 생각하는 경향이 있습니다. 예를 들어 보겠습니다.

> 너희가 내 안에 거하고 내 말이 너희 안에 거하면 무엇이든지 원하는
> 대로 구하라 그리하면 이루리라
>
> - 요한복음 15:7

성경 본문은 "너희가 내 안에 거하고 내 말이 너희 안에 거하면"과 "무엇이든지 원하는 대로 구하라 그리하면 이루리라" 이 두 개의 구절로 나눌 수 있습니다. 그런데 우리는 기도 응답의 전제 조건인 "너희가 내 안에 거하고 내 말이 너희 안에 거하면" 구절은 무시하고 다만 "무엇이든지 원하는 대로 구하라 이루리라" 구절만 믿고 기도합니다. 성경 말씀을 해석할 때 성경 본문 앞뒤의 문맥을 살펴보아야 합니다. 원하는 한 구절 또는 한 단어만을 가지고 해석해서는 안 됩니다. 기도 응답에 대한 단서 조항이 있기 때문에 무엇이든 기도한다고 해서 무조건 다 이루어지는 것은 아닙니다. 성경 전체 문맥을 보지 않고 한 구절과 한 단어만 가져다 기도하고 하나님의 응답을 기다리고 있지는 않은지 우리 스스로가 판단해 보아야 합니다.

사례 3. 기도 배우는 방법에 대한 문제

어디에서 어떻게 기도를 배우고 있습니까? 이 물음에 대한 답은 우리와 우리 주변에 있는 성도의 기도모습을 보면 알 수 있을 것입니다. 우리는 기도를 체계적으로 배우기보다 다른 사람들의 기도하는 모습을 보고 어깨너머로 배우고 있습니다. 그중에서도 가장 쉽게 배우는 방법은 예배 중의 대표기도입니다. 그리고 성경스터디 그룹 등 성도의 모임에서 다른 사람들의 기도하는 모습을 보고 비슷하게 따라하며 배웁니다. 즉 개인적으로, 비체계적으로 배우고 있음을 알 수 있습니다. 반면 성도들은 목회자로부터 기도의 중요성과 필요성에 대하여 강하게 요구받습니다. 이로 인하여 성도들은 기도 생활에 대한 딜레마에 빠지게 됩니다. 기도해야 한다는 부담감과 기도하지 않는 죄책감을 가지고 신앙생활을 하는 한편 기도를 어떻게 할 줄 몰라 기도에 대한 공포증과 기피증을 가지게 됩니다. 즉 성도는 기도의 부담감과 죄책감, 공포증, 기피증을 가지고 교회생활을 합니다. 기도에 대한 부담감으로 각종 기도회에 참석하고 기도원에 가기도 하고 기도에 관련된 책도 읽곤 합니다. 기도하지 않는 죄책감으로 기쁨과 소망이 넘치는 신앙생활을 하지 못할 뿐 아니라 신앙생활을 포기하는 경우도 있습니다. 기도에 대한 공포증으로 교회모임에서 대표 기도할 차례가 되면 모임에 참석하지 않는 성도도 있으며 대표 기도를 어떻게 할 줄 몰라 쩔쩔매다 겨우 기도를 마치고 다음 날부터 교회에 나오지 않는 성도도 있습니다. 또한 기도 기피증으로 기도 생활을 포기하는 성도도 있습니다. 더 심각한 것은 기도에 대한 딜레마에 빠져 있는 성도의 문제를 해결해 줄 교회 차원의 방법이 없다는 것입니다. 기도를 체계적으로 가르치고 배우는 모습을 보기란 쉬운 일이 아닙니다. 극히 일부 교회를 제외하고 기도교육 프로그램도 없고 기도 훈련도 하지 않습니다. 기도에 대한 의문이 생길 때도 물어 볼 곳도 없습니다. 현재 우리나라의 성도들은 기도 생활의 많은 어려움을 겪고 있습니다. 더 이상 성도 스스로 해결하기를 바라고 교회 차원의 기도 교육과 훈련을 방치할 수 없습니다.

이상과 같이 3가지 사례를 통하여 우리 기도의 현주소를 알아보았습니다. 기도는 속도보다 방향이 중요하며 양보다 질이 중요합니다. 우리들의 기도가 아무리 간절하고 열렬할지라도 삼위일체 하나님이 아닌 다른 무언가를 대상으로 기도한다면 무슨 소용이 있겠습니까? 하나님 아버지와 친밀한 교제를 목적으로 기도하지 않고 기도를 단순히 우리들의 목적 달성을 위한 수단으로 전락시키고 있지는 않은지, 기도를 마치 동전을 넣으면 우리가 원하는 물건을 구할 수 있는 자동판매기나 요술램프처럼 생각하고 있지는 않은지, 하나님의 뜻을 구하는 기도를 하면서 이미 정해진 본인의 뜻을 관철시키고자 하지는 않은지, 기도에 관련된 성경 말씀 중 전체 문맥을 보지 않고 우리들에게 필요한 구절만 믿고 기도하며 응답을 기다리고 있지는 않은지, 삶의 현장에서 기도의 내용과는 무관한 삶을 살고 있지는 않은지, 규칙적인 기도 생활보다는 우리의 필요가 있을 때만 기도를 하고 있지는 않은지, 기도 응답이 없을 때 기도를 포기하고 믿음을 떠나지는 않는지, 스스로 자문해 보아야 합니다. 앞으로 배울 성경적인 기도 원리가 여러분들의 기도를 도와줄 것입니다.

Chapter 2

성경적인 기도
원리란 무엇입니까?

1. 성경적 기도 원리는 기도의 네비게이션

성경적인 기도원리란 성경 말씀 가운데 기도에 관한 내용을 종합적으로 분석하여 기도에 대한 체계를 구축한 것으로써, 기도에 대한 올바른 이해와 기도의 올바른 실천을 인도하는 기도의 네비게이션(navigation)입니다. 성경적인 기도 원리는 기도의 4가지 요소 즉 기도 대상(하나님), 기도자(성도), 기도 행위(기도할 대상, 기도 내용, 기도 방법), 기도 응답에 대한 성경적인 접근 방법입니다.

> 너희 안에서 행하시는 이는 하나님이시니 자기의 기쁘신 뜻을 위하여 너희에게 소원을 두고 행하게 하시나니
>
> - 빌립보서 2:13

성경적인 기도 원리는 하나님의 뜻에 합한 기도자가 하나님의 뜻에 합한 기도 내용과 하나님의 뜻에 합한 기도 행위로 하나님께 기도할 때 하나님의 뜻에 합한 기도 응답이 있는 기도의 원리입니다. 성경 본문에서는 "자기의 기쁘신 뜻을 위하여"라고 말씀하고

있습니다. 하나님의 뜻이 핵심이 되는 기도 원리가 성경적인 기도 원리입니다.

2. 하나님의 뜻에 합한 기도를 드리기 위해서는 성경적인 기도 원리가 필요합니다

우리나라 성도가 교회에 오면 가장 많이 듣는 말이 기도해야 한다는 말입니다. 그런데 그렇게 기도에 대해 강조하면서도 정작 기도가 무엇인지, 기도의 대상이 누구인지, 기도자는 누구이며, 기도자가 갖추어야 할 마음가짐과 자세는 무엇인지, 어떻게 기도해야 하는지에 대한 구체적인 가르침은 상당히 부족합니다. 어떤 성도는 기도를 마치면서 "예수 그리스도의 이름으로 기도합니다" 대신 "하나님의 이름으로 기도합니다"라고 합니다. 앞에서 말하는 것과 같이 교회의 체계적인 기도 훈련을 통하여 배우기보다는 예배 시 목회자의 기도, 대표 기도, 기도회 인도자의 기도, 다른 교인의 기도, 기도 관련 책자 등을 통하여 개인적으로 배우고 있습니다. 즉 우리나라의 많은 성도들은 기도를 성경적이며 체계적으로 배우기보다 비성경적이고 주먹구구식으로 배우고 있는 실정입니다. 이와 같은 방법으로 배운 기도가 과연 하나님의 뜻에 합한 기도이며 하나님께서 기쁘게 받으실 만한 기도인지 우리 스스로 고민해 보아야 합니다. 하나님의 뜻에 맞지 않는 기도를 아무리 열렬하게 기도한들 무슨 의미가 있겠습니까? 하나님의 뜻에 맞지 않는 기도는 하나님께서 들으시지도 않고 기도의 응답도 없는, 허공을 치는 소리에 불과한 것입니다. 기도가 인간적인 방법이 아니라 성경적인 방법일 때에만 하나님께서는 기뻐 받으실 것입니다. 우리의 기도가 하나님의 뜻에 합한 기도가 되기 위해서는 체계적인 방법인 성경적인 기도 원리를 배워야 합니다. 하나님의 뜻에 합한 기도는 하나님의 뜻에서 시작됩니다. 하나님의 뜻에 합한 기도를 드리기 위해서는 기도가 무엇인지, 누구에게 기도를 드려야 하는지, 기도자는 누구이며 어떤 마음가짐으로 어떤 자세로 기도를 드려야 하는지, 누구를 위해 무엇을 기도해야 하는지, 어떤 방법으로 어디에서 언제 기도를 드려야 하는지, 기도 응답은 어떻게 받는지 등 기도와 관련된 전반적인 내용을 알아야 합니다. 그렇지 않으면 우리의 기도는 형식적이고 이기적인 기도가 될 수밖에 없습니다. 이와 같은 하나님의 뜻에 합한 기도에 필요한 지식 원천은 성경입니다. 창세기부터 요한계시록까지 성경 66권에는 기도와 관련된 말씀이 굉장히 많습니다. 성경 가운데 기도에 관한 말씀을 종합 정리한 내용이 성경적인 기도 원리입니다. 이 성경적인 기도 원리를 통하여 우리는 기도에 대한 올바른 이해는 물론 잘못된 의식을 개선하고 하나님의 뜻에 합당한 기도를 실천할 수 있을 것입니다.

3. 성경은 기도의 지침서

그 날에는 너희가 아무 것도 내게 묻지 아니하리라 내가 진실로 진실로 너희에게 이르노니 너희가 무엇이든지 아버지께 구하는 것을 내 이름으로 주시리라

- 요한복음 16:23

모든 기도와 간구를 하되 항상 성령 안에서 기도하고 이를 위하여 깨어 구하기를 항상 힘쓰며 여러 성도를 위하여 구하라

- 에베소서 6:18

항상 기뻐하라 쉬지 말고 기도하라 범사에 감사하라 이것이 그리스도 예수 안에서 너희를 향하신 하나님의 뜻이니라

- 데살로니가전서 5:16-18

하나님의 말씀과 기도로 거룩하여짐이라

- 디모데전서 4:5

그러므로 너희 죄를 서로 고백하며 병이 낫기를 위하여 서로 기도하라 의인의 간구는 역사하는 힘이 큼이니라

- 야고보서 5:16

성경 속에는 기도와 관련하여 삼위일체 하나님, 즉 기도와 하나님, 기도와 예수님, 기도와 성령님에 대한 말씀이 있으며 기도자에 대한, 기도 내용과 기도의 방법에 대한, 기도 응답에 대한 말씀도 있습니다. 그러므로 기도를 배우기 위한 최고의 방법은 성경을 통하여 배우는 방법입니다.

4. 성경적 기도 원리의 기본 방향은 기도의 '지정의' 3요소에 맞춰져 있습니다

성경적인 기도 원리의 기본 방향은 기도의 '지정의(知情意)' 3가지 요소에 맞춰져 있습니다. '지정의' 3가지 요소 중 지(知)는 기도에 대하여 아는 것이며 정(情)은 마음으로 기도의 중요성과 필요를 깨닫는 것이며 의(意)는 몸과 마음으로 기도를 행하는 것을 말합니다. 먼저 지적 요소입니다. 호세아 4장 6절에는 "내 백성이 지식이 없으므로 망하는도다"라고 말씀합니다. 한편 호세아 6장 3절에는 "그러므로 우리가 여호와를 알자 힘써 여호와를 알자"라고 우리의 기도의 대상인 하나님을 알기를 권면하고 있습니다. 또 베드로후서 3장 16절에는 "오직 우리 주 곧 구주 예수 그리스도의 은혜와 그를 아는 지식에서 자라가라"라고 합니다. 이와 같이 우리는 기도에 대한 지식을 배워야 합니다. 기도의 대상인 하나님은 누구인지, 기도자는 누구인지, 기도 내용은 무엇인지, 기도 행위는 어떻게 하는지 등에 대하여 알아야 합니다. 다음은 정적 요소입니다 즉 감정입니다. 머리만 알고 있으면 안 됩니다. 가슴으로 기도의 중요성과 필요성을 깨달아야 합니다. 열왕기상 8장 38절에서는 "한 사람이나 혹 주의 온 백성 이스라엘이 다 각각 자기의 마음에 재앙을 깨닫고 이 성전을 향하여 손을 펴고 무슨 기도나 무슨 간구를 하거든"이라고 합니다. 이와 같이 기도의 필요성을 깨달아야 합니다. 마지막은 의지적 요소입니다. 즉 기도의 실천입니다. 하나님께 기도를 드려야 하는 것입니다. 야고보서 2장 17절에는 "행함이 없는 믿음은 그 자체가 죽은 것이라"합니다. 기도도 동일합니다. 기도에 대하여 알고 가슴으로 느끼고 깨닫지만 실제로 기도를 하지 않으면 무슨 소용이 있겠습니까? 성경적인 기도 원리는 이와 같은 기도의 '지정의' 3가지에 맞추어 전개할 것입니다.

5. 성경적인 기도 원리는 기도의 '지정의'를 바탕으로 하여 4가지 주제로 구성되어 있습니다

성경적인 기도 원리의 4가지 주제는 기도 대상, 기도자, 기도 행위, 기도 응답입니다. 기도 대상은 하나님, 예수님, 성령님에 대한 내용으로, 기도자에 대하여는 기도자는 누구이며 기도자가 갖추어야 할 마음가짐과 자세에 대한 내용으로, 기도 행위는 기도할 대상, 기도 내용, 기도 방법, 기도 훈련에 대한 내용으로 그리고 기도

응답은 기도 응답의 전제 조건과 응답 지연에 대한 내용으로 구성
되어 있습니다.

Chapter 3

기도란
무엇입니까?

기도(祈禱)는 무엇입니까? 한자를 풀이하면 빌 기(祈), 빌 도(禱)입니다. 기도는 어떤 절대 존재에게 비는 것을 말합니다. 기도는 기독교만의 전유물이 아닙니다. 모든 종교에는 기도가 있습니다. 그러나 모든 기도가 동일하지 않습니다. 기독교의 기도와 타 종교의 기도는 다릅니다. 타 종교에서의 기도는 인간 중심의 one-way(일방향) 기도이며 기독교의 기도는 하나님과 인간 간의 two-way(쌍방향) 기도입니다. 그러면 지금부터 성경에 근거하여 two-way(쌍방향) 기도가 무엇인지 알아보겠습니다.

1. 기도는 하나님과 성도 사이에 이루어지는 거룩한 의사소통입니다

> 너는 내게 부르짖으라 내가 네게 응답하겠고 네가 알지 못하는 크고
> 은밀한 일을 네게 보이리라
>
> - 예레미야 33:3

성경 본문에서는 "너는 내게 부르짖으라", "내가 네게 응답하겠고"라고 말씀하고 있습니다. 즉 하나님은 성도들에게 기도하라고

말씀하시고 또 기도에 응답하겠다고 말씀하십니다. 기도는 예수 그리스도와 성령님 안에서 하나님과 성도 사이에 이루어지는 거룩한 의사소통입니다. 하나님은 청자(聽者), 즉 듣는 자요 화자(話者), 즉 말하는 자이며 성도 또한 청자(聽者)요 화자(話者)입니다. 화자로서 성도는 하나님께 영광과 경배와 찬양을 드리며 하나님의 은혜에 감사하고 죄와 허물을 참회하며 원하는 것을 하나님께 구하고 또한 이웃을 위한 기도를 합니다. 그리고 청자로서 성도는 하나님의 기도 응답을 듣습니다. 한편 하나님은 청자로서 성도의 기도를 들으시고 화자로서 기도 응답을 해주십니다.

첫째, 기도는 예수 그리스도의 이름으로 하나님께 드리는 것입니다.

그 날에는 너희가 아무 것도 내게 묻지 아니하리라 내가 진실로 진실로 너희에게 이르노니 너희가 무엇이든지 아버지께 구하는 것을 내 이름으로 주시리라

- 요한복음 16:23

인간은 죄로 인하여 중보자 없이는 하나님께 나아갈 수 없습니다. 중보자 되시는 예수 그리스도를 통해서만 하나님께 나아갈 수 있습니다. 성경 본문에서 "내 이름으로 주시리라"라고 예수님은 말씀하고 있습니다. 즉 예수 그리스도의 이름으로 기도를 드려야 기도가 이루어집니다.

둘째, 기도는 성령님의 도우심으로 하나님께 드리는 것입니다.

> 이와 같이 성령도 우리의 연약함을 도우시나니 우리는 마땅히 기도
> 할 바를 알지 못하나 오직 성령이 말할 수 없는 탄식으로 우리를 위
> 하여 친히 간구하시느니라
>
> - 로마서 8:26

성령님이 없다면 기도는 불가능합니다. 성경 본문에서는 "우리의 연약함"이라고 말씀하고 있습니다. 우리는 연약하여 무엇을 어떻게 기도해야 할지도 모릅니다. 성령님은 이러한 우리를 도와주십니다. 성경 본문에서는 "성령도 우리의 연약함을 도우시나니"라고 말씀하고 있습니다. 즉 기도는 성령의 도우심으로 기도가 이루어집니다.

셋째, 기도자인 성도가 하여야 할 일은 다음과 같습니다.

① 성도는 하나님께 영광과 경배와 찬양을 드려야 합니다.

> 이 백성은 내가 나를 위하여 지었나니 나를 찬송하게 하려 함이니라
>
> - 이사야 43:21

> 그 기쁘신 뜻대로 우리를 예정하사 예수 그리스도로 말미암아 자기

의 아들들이 되게 하셨으니 이는 그가 사랑하시는 자 안에서 우리에

게 거저 주시는 바 그의 은혜의 영광을 찬송하게 하려는 것이라

- 에베소서 1:5-6

성경 본문에서는 "내가 나를 위하여 지었나니 나를 찬송하게 하려 함이니라"라고 말씀하고 있습니다. 하나님은 찬송받으시기 위하여 우리를 창조하셨습니다. 또한 성경 분문에서 "우리를 예정하사 예수 그리스도로 말미암아 자기 아들들이 되게 하셨으니", "그의 은혜의 영광을 찬송하게 하려는 것이라"라고 말씀하고 있습니다. 하나님은 찬송받으시기 위하여 우리를 구원하였습니다. 그러므로 피조물이며 죄인인 우리는 하나님께 영광과 경배와 찬양을 드려야 합니다. 이는 창조의 목적에 합당한 것이며 구원받은 자로서의 당연한 의무입니다.

② 성도는 기도를 통해 하나님의 은혜에 감사해야 합니다.

그리스도 예수 안에서 너희에게 주신 하나님의 은혜로 말미암아 내

가 너희를 위하여 항상 하나님께 감사하노니

- 고린도전서 1:4

성경 본문에서는 "하나님의 은혜로 말미암아 내가 너희를 위하여 항상 하나님께 감사하노니"라고 말씀하고 있습니다. 죄와 허물

이 많은 우리를 예수 그리스도의 대속으로 구원해 주셨으며 하나님 자녀로 삼아주시고 영원한 생명을 주시고 삶을 살아가는 데 필요한 모든 것을 공급해 주신 것은 다 하나님의 은혜입니다. 그러므로 성도인 우리는 은혜를 베풀어 주신 하나님께 항상 감사의 기도를 드려야 합니다.

③ 성도는 죄와 허물에 대하여 참회를 하여야 합니다.

> 너희가 손을 펼 때에 내가 내 분을 너희에게서 가리고 너희가 많이 기도할지라도 내가 듣지 아니하리니 이는 너희의 손에 피가 가득함이라
>
> - 이사야 1:15

> 만일 우리가 우리 죄를 자백하면 그는 미쁘시고 의로우사 우리 죄를 사하시며 우리를 모든 불의에서 깨끗하게 하실 것이요
>
> - 요한일서 1:9

하나님과 만날 때 가장 우선적으로 해결해야 할 과제는 죄에 대한 회개입니다. 죄를 가지고는 하나님을 만날 수 없습니다. 성경 본문에서는 "내가 듣지 아니하리니 이는 너희의 손에 피가 가득함이라"라고 하시면서 마음에 죄악이 있으면 하나님께서 듣지 아니하겠다고 하십니다. 하나님은 거룩하시기 때문입니다. 한편 성경 본문에서는 "우리가 죄를 자백하면 그는 미쁘시고 의로우사 우리

죄를 사하시며"라고 말씀하고 있습니다. 하나님은 우리가 죄를 자백하면 죄를 깨끗하게 용서해 주십니다. 그러므로 죄에 빠진 우리는 자신의 죄와 허물을 하나님께 자백하고 참회하는 기도를 드려야 합니다.

④ 우리는 원하는 바를 하나님께 구하여야 합니다.

> 너희가 내 이름으로 무엇을 구하든지 내가 행하리니 이는 아버지로
> 하여금 아들로 말미암아 영광을 받으시게 하려 함이라
>
> - 요한복음 14:13

성경 본문에서는 "무엇을 구하든지"라고 말씀하고 있습니다. 우리가 육체적·물질적·사회적·지적·영적 필요를 채우기 위해서는 만물을 창조하시고 다스리시는 하나님 아버지께 기도를 하여야 합니다. 한계가 있는 피조물인 우리는, 어느 누구도 스스로의 능력으로 살아갈 수 있는 사람은 아무도 없습니다. 그러므로 우리의 원하는 바를 한계가 없으신 전지전능하신 하나님께 구하여야 합니다.

⑤ 우리는 이웃을 위해 구하여야 합니다.

> 그러므로 내가 첫째로 권하노니 모든 사람을 위하여 간구와 기도와
> 도고와 감사를 하되 임금들과 높은 지위에 있는 모든 사람을 위하여

하라 이는 우리가 모든 경건과 단정함으로 고요하고 평안한 생활을
하려 함이라

- 디모데전서 2:1-2

성경 본문에서 "모든 사람을 위하여 간구와 기도와 도고"라고 말씀하고 있습니다. 도고(禱告)는 다른 사람을 대신해서 하나님께 간구하는 것을 말합니다. 그러므로 우리 자신이 소원하는 것만 구하지 말고 이웃의 행복과 평안을 위하여 하나님께 간구하여야 합니다.

넷째, 하나님이 하시는 일은 다음과 같습니다.

① 하나님은 성도가 구하는 것을 들으십니다.

너희가 내게 부르짖으며 내게 와서 기도하면 내가 너희들의 기도를
들을 것이요

- 예레미야 29:12

성경 본문에서는 "내(하나님)가 너희들의 기도를 들을 것이요"라고 말씀하고 있습니다. 하나님은 전지전능하시고 무소부재하신 분이시기에 우리가 언제 어디에서 기도를 하더라도 구하는 모든 것을 듣고 계십니다.

② 하나님은 성도의 기도에 응답하십니다.

> 너는 내게 부르짖으라 내가 네게 응답하겠고 네가 알지 못하는 크고
> 은밀한 일을 네게 보이리라
>
> - 예레미야 33:3

성경 본문에서는 "응답하겠고 네가 알지 못하는 크고 은밀한 일을 네게 보이라라"라고 말씀하고 있습니다. 하나님은 우리의 구함에 대하여 응답하십니다.

2. 성도는 왜 기도해야 합니까?

첫째, 기도는 하나님 백성의 권리이며 의무이기 때문입니다.

> 그러나 너희는 택하신 족속이요 왕 같은 제사장들이요 거룩한 나라
> 요 그의 소유가 된 백성이니 이는 너희를 어두운 데서 불러 내어 그의
> 기이한 빛에 들어가게 하신 이의 아름다운 덕을 선포하게 하려 하심
> 이라
>
> - 베드로전서 2:9

> 너희가 나를 택한 것이 아니요 내가 너희를 택하여 세웠나니 이는 너

희로 가서 열매를 맺게 하고 또 너희 열매가 항상 있게 하여 내 이름

으로 아버지께 무엇을 구하든지 다 받게 하려 함이라

- 요한복음 15:16

쉬지 말고 기도하라

- 데살로니가전서 5:17

성경 본문에서는 "너희는 택하신 족속이요 왕 같은 제사장들이요 그의 소유된 백성이니"라고 말씀하고 있습니다. 우리는 하나님이 택하신 거룩한 백성입니다. 성경 본문에서는 "내 이름으로 아버지께 무엇을 구하든지"라고 말씀하고 있습니다. 우리는 하나님의 자녀입니다. 또한 성경 본문에서는 "쉬지 말고 기도하라"라고 말씀하고 있습니다. 우리에게 기도할 것을 명령하십니다. 이를 종합적으로 정리하면 우리는 하나님의 백성으로서 우리의 왕이 되시는 하나님께, 하나님의 자녀로서 우리의 아버지 되시는 하나님께 기도할 의무와 권리가 있습니다.

둘째, 우리의 필요를 구하기 위하여 기도해야 합니다.

너희는 욕심을 내어도 얻지 못하여 살인하며 시기하여도 능히 취하

지 못하므로 다투고 싸우는도다 너희가 얻지 못함은 구하지 아니하

기 때문이요

- 야고보서 4:2

성경 본문에서는 "너희가 얻지 못함은 구하지 아니하기 때문이요"라고 말씀하고 있습니다. 기도하지 않으면 구할 수 있는 것은 아무것도 없습니다. 우리의 필요를 구할 때 하나님은 우리의 필요를 채워 주십니다. 그러므로 우리의 필요를 구하기 위하여 기도를 해야 합니다.

셋째, 유혹에 빠지지 않기 위하여 기도해야 합니다.

> 그곳에 이르러 그들에게 이르시되 유혹에 빠지지 않게 기도하라 하시고
>
> - 누가복음 22:40

성경 본문에서는 "유혹에 빠지지 않게 기도하라"라고 말씀하고 있습니다. 예수님은 제자들에게 유혹에 빠지지 않기 위해 기도하라고 당부하셨습니다. 기도는 유혹을 이기는 예방주사입니다. 그러므로 유혹에 빠지기 않기 위하여 기도해야 합니다.

넷째, 기도하지 않는 것은 하나님께 죄를 짓는 것이기 때문입니다.

> 나는 당신들이 잘 되도록 기도할 것입니다. 내가 기도하는 일을 그친다면, 그것은 내가 하나님께 죄를 짓는 것입니다. 그런 일은 없을 것입니다. 오히려 나는, 당신들이 가장 선하고 가장 바른길로 가도록 가르

치겠습니다.

- 새번역 성경 사무엘상 12:23

성경 본문에서는 "내가 기도하는 일을 그친다면 그것은 내가 하나님께 죄를 짓는 것입니다"라고 말씀하고 있습니다. 기도하지 않는 것은 하나님께 죄를 짓는 것입니다. 언젠가 주님을 만나는 날 기도하지 않는 죄를 우리에게 물을 것입니다. "나는 매일 너의 기도를 기다리고 있었는데 너는 왜 기도를 하지 않았느냐?" 그러므로 우리는 오늘도 우리의 기도를 기다리고 계시는 하나님께 기도를 드리고 기도하지 않는 죄를 짓는 일이 없도록 하여야 합니다.

다섯째, 하나님의 명령이며 예수님의 명령이며 초대교회 사도의 명령이기 때문입니다.

너는 내게 부르짖으라 내가 네게 응답하겠고 네가 알지 못하는 크고
은밀한 일을 네게 보이리라

- 예레미야 33:3

성경 본문에서는 "너는 내게 부르짖으라"라고 말씀하고 있습니다. 하나님은 우리에게 기도하라고 명령하십니다. 하나님의 백성으로서 하나님의 자녀로서 하나님의 명령에 순종하는 것이 당연합니다. 그러므로 우리는 기도해야 합니다.

구하라 그리하면 너희에게 주실 것이요 찾으라 그리하면 찾아낼 것
이요 문을 두드리라 그리하면 너희에게 열릴 것이니

- 마태복음 7:7

성경 본문에서는 "구하라 (…) 찾으라 (…) 문을 두드리라"라고 말
씀하고 있습니다. 예수님은 우리에게 기도하라고 명령하십니다. 예
수님 십자가의 보혈로 구원받은 우리는 우리를 구원해 주신 구세
주요 구주이신 예수님의 명령에 순종하는 것이 당연합니다. 그러
므로 우리는 기도해야 합니다.

쉬지 말고 기도하라

- 데살로니가전서 5:17

성경 본문에서는 "쉬지 말고 기도하라"라고 말씀하고 있습니다.
예수님의 제자인 사도들은 우리에게 기도하라고 명령하십니다. 우
리도 예수님의 제자로서 믿음의 선배인 사도의 명령에 순종하는
것이 당연합니다. 그러므로 우리는 기도해야 합니다.

Chapter 4

누구에게
기도해야 합니까?

기도 대상 ❶ – 하나님

태초에 하나님이 천지를 창조하시니라

- 창세기 1:1

우리는 흔히 기도 자체에 기도의 능력이 있다고 생각합니다. 즉 기도를 어떤 방법으로 얼마만큼 하느냐에 따라 기도 응답 여부가 정해진다고 생각합니다. 그러나 기도 응답은 우리의 기도를 들으시고 응답하시는 천지를 창조하신 하나님께 달려 있습니다.

1. 기도는 속도보다 방향입니다

첫째, 기도는 기도 대상이 있어야 성립됩니다.

바울이 아레오바고 가운데 서서 말하되 아덴 사람들아 너희를 보니 범사에 종교심이 많도다 내가 두루 다니며 너희가 위하는 것들을 보다가 알지 못하는 신에게라고 새긴 단도 보았으니 그런즉 너희가 알지 못하고 위하는 그것을 내가 너희에게 알게 하리라

- 사도행전 17:22-23

기도는 어디까지나 기도 대상이 있어야 성립됩니다. 성경 본문에서는 "알지 못하는 신에게"라고 말씀하고 있습니다. 기도 대상이 없거나 불분명한 기도 대상에게 하는 기도는 기도가 아닌 자기 자신에게 하는 독백이요 넋두리요 허공에 떠도는 메아리에 불과합니다.

둘째, 기도를 어떻게 드리느냐보다 누구에게 드리느냐가 더 중요합니다.

> 내가 증언하노니 그들이 하나님께 열심이 있으나 올바른 지식을 따른 것이 아니니라
>
> - 로마서 10:2

성경 본문에서는 "하나님께 열심이 있으나 올바른 지식을 따른 것 아니니라"라고 말씀하고 있습니다. 올바른 지식에서 나온 열심이 아니라 잘못된 열심이라는 말입니다. 잘못된 방향으로 열심히 달려간들 무슨 소용이 있겠습니까? 즉 기도 방법보다 기도를 받으시는 기도의 대상이 더 중요합니다. 지금 드리는 기도는 누구를 향한 기도입니까? 기도에 열심을 내기 전에 누구를 향한 기도인지 먼저 알아야 합니다.

2. 기도 대상은 하나님입니다

첫째, 일반적인 기도 대상의 모습입니다.

> 열방 중에서 피난한 자들아 너희는 모여 오라 함께 가까이 나아오라
> 나무 우상을 가지고 다니며 구원하지 못하는 신에게 기도하는 자들
> 은 무지한 자들이니라
>
> - 이사야 45:20

기독교를 믿던 믿지 않던 많은 사람들(타 종교인 포함)은 기도를 합니다. 어떤 사람은 우상에게 어떤 사람은 부처에게 어떤 사람은 성인에게 각자 섬기는 다양한 기도의 대상을 향하여 기도를 합니다. 성경 본문에서는 "나무 우상을 가지고 다니며 구원하지 못한 신에게"라고 말씀하고 있습니다. 하나님이 창조하신 피조물을 기도의 대상으로 기도드리는 것은 잘못된 기도입니다.

둘째, 그리스도인의 기도 대상은 하나님입니다.

> 또 다른 천사가 와서 제단 곁에 서서 금 향로를 가지고 많은 향을 받
> 았으니 이는 모든 성도의 기도와 합하여 보좌 앞 금 제단에 드리고자
> 함이라 향연이 성도의 기도와 함께 천사의 손으로부터 하나님 앞으
> 로 올라가는지라
>
> - 요한계시록 8:3-4

그리스도인의 기도 대상은 창조자이신 하나님입니다. 성경 본문에서는 "향연이 성도의 기도와 함께 천사의 손으로부터 하나님 앞으로 올라가는지라"라고 말씀하고 있습니다. 성도의 기도가 하나님 앞으로 올라갑니다. 그러므로 하나님만이 우리의 기도 대상입니다.

> 주 예수 그리스도의 은혜와 하나님의 사랑과 성령의 교통하심이 너희 무리와 함께 있을지어다
>
> - 고린도후서 13:13

성경 본문에서는 "예수 그리스도 (…) 하나님 (…) 성령"이라고 말씀하고 있습니다. 즉 삼위일체 하나님을 말합니다. 온전한 신앙생활을 위해 삼위일체 하나님에 대하여 알아야 합니다. 삼위일체 하나님이란 본질상 한 분이시나(본질상 동일함) 이 한 분 안에 성부, 성자, 성령이라 불리는 삼위가 존재한다(위격상 동일하지 않음)는 말입니다. 삼위일체 하나님과 기도와의 관계를 보면 기도에 대한 역할은 같이 않습니다. 성부 하나님은 기도의 대상자로 우리의 기도를 들어주시고 응답해주시고 성자 하나님(예수님)은 기도의 중보자로서 우리에게 그 이름으로 기도하게 하시며 성령 하나님은 기도의 길잡이로서 우리를 위해 우리 안에서 기도하십니다.

3. 하나님께만 기도해야 하는 이유

첫째, 하나님만이 믿음과 경배의 대상이 될 수 있기 때문입니다.

> 이것들을 보고 들은 자는 나 요한이니 내가 듣고 볼 때에 이 일을 내
> 게 보이던 천사의 발 앞에 경배하려고 엎드렸더니 그가 내게 말하기
> 를 나는 너와 네 형제 선지자들과 또 이 두루마리의 말을 지키는 자
> 들과 함께 된 종이니 그리하지 말고 하나님께 경배하라 하더라
>
> - 요한계시록 22:8-9

천지만물을 창조하시고 다스리시며 우리를 구원하신 하나님만
이 경배의 대상이 됩니다. 성경 본문에서는 "천사의 발 앞에 경배
하려고 엎드렸더니 (…) 그리하지 말고 하나님께 경배하라"라고 말
씀하고 있습니다. 요한은 천사에게 경배하려고 하였습니다. 그러
나 천사는 요한의 예배를 막았습니다. 천사 스스로 자신이 경배의
대상이 아닌 것을 알기 때문입니다. 하나님이 창조하신 천사를 포
함한 어떤 피조물도 기도의 대상이 될 수 없습니다. 그러므로 우리
는 오직 하나님에게만 기도해야 합니다.

둘째, 하나님만이 우리 기도를 들으실 수 있기 때문입니다.

> 우리가 무엇이든지 구하는 바를 들으시는 줄을 안즉 우리가 그에게

구한 그것을 얻은 줄을 또한 아느니라

- 요한일서 5:15

성경 본문에서는 "무엇이든지 구하는 바를 들으시는 줄을 안즉"
이라고 말씀하고 있습니다. 하나님은 전지전능하시고 무소부재하
신 분이시기에 우리가 언제 어디서 어떤 기도를 하더라도 다 들을
수 있는 분입니다. 그러므로 우리는 오직 하나님에게만 기도를 해
야 합니다.

저희 우상은 은과 금이요 사람의 수공물이라 입이 있어도 말하지 못
하며 눈이 있어도 보지 못하며 귀가 있어도 듣지 못하며 코가 있어도
맡지 못하며 손이 있어도 만지지 못하며 발이 있어도 걷지 못하며 목
구멍으로 소리도 못하느니라

- 시편 115:4-7

성경 본문에서는 "입이 있어도 말하지 못하고 눈이 있어도 보지
못하며 귀가 있어도 듣지 못하고"라고 말씀하고 있습니다. 말도 못
하고 듣지도 못하는 우상에게 기도할 이유가 어디에 있겠습니까?
그러므로 우리는 오직 하나님에게만 기도를 해야 합니다.

셋째, 하나님만이 우리의 죄를 용서할 수 있기 때문입니다.

> 만일 우리가 우리 죄를 자백하면 그는 미쁘시고 의로우사 우리 죄를
> 사하시며 우리를 모든 불의에서 깨끗하게 하실 것이요
>
> - 요한일서 1:9

성경 본문에서는 "그는 미쁘시고 우리 죄를 사하시며"라고 말씀하고 있습니다. 하나님은 미쁘시고 의로우신 분이십니다. 우리가 죄를 자백하면 용서해 주십니다. 우리가 용서를 구할 분은 오직 하나님 한 분뿐이고 우리의 죄를 용서하실 수 있는 분도 오직 하나님 한 분뿐입니다. 그러므로 우리는 오직 하나님에게만 기도를 해야 합니다.

넷째, 하나님만이 모든 자의 소원을 이루어 주실 수 있기 때문입니다.

> 너희 중에 누구든지 지혜가 부족하거든 모든 사람에게 후히 주시고
> 꾸짖지 아니하시는 하나님께 구하라 그리하면 주시리라
>
> - 야고보서 1:5

성경 본문에서는 "하나님께 구하라 그리하면 주시리라"라고 말씀하고 있습니다. 하나님은 전능하십니다. 불가능이 없으십니다. 우리가 구하는 것들을 채워 주시는 분이십니다. 그러므로 오직 하나님에게만 기도해야 합니다.

4. 기도 대상인 하나님은 이러하신 분입니다

첫째, 하나님이 어떤 분인지 알아야 할 이유입니다.

기도는 속도보다 방향입니다. 목적지를 모르고 무작정 집을 떠날 수 없듯이 기도 대상인 하나님을 모르고 무작정 기도를 드릴 수 없습니다. 인간관계에서도 상대방을 모르고 어떻게 대화를 할 수 있겠습니까? 하나님이 어떤 분인지를 아는 것이 기도의 출발점입니다. 하나님의 뜻에 합한 기도를 드리기 위해서는 기도의 대상인 하나님을 잘 알아야 합니다. 하나님이 어떤 분인지 알 때 하나님의 뜻에 합한 기도 내용과 기도 방법대로 기도를 드릴 수 있습니다.

둘째, 하나님은 이러한 분이십니다.

하나님이 어떤 분인지 아는 방법은 하나님의 성품을 통하여 알 수 있습니다. 하나님의 성품은 자존하신 분이시며 불변하신 분이시며 무한하신 분이시며 전지전능하신 분이시며, 사랑이 많으신 분이시며 거룩하신 분이시며 의로우신 분이시며 진실하신 분이시며 주권을 가지고 계신 분이십니다.

① 자존(自存)하신 분

> 하나님이 모세에게 이르시되 나는 스스로 있는 자이니라 또 이르시
> 되 너는 이스라엘 자손에게 이같이 이르기를 스스로 있는 자가 나를
> 너희에게 보내셨다 하라
>
> - 출애굽기 3:14

성경 본문에서는 "나는 스스로 있는 자이니라"라고 말씀하고 있습니다. 즉 하나님은 자존하신 분이십니다.

② 불변(不變)하신 분

> 온갖 좋은 은사와 온전한 선물이 다 위로부터 빛들의 아버지께로부
> 터 내려오나니 그는 변함도 없으시고 회전하는 그림자도 없으시니라
>
> - 야고보서 1:17

성경 본문에서는 "그는 변함도 없으시고 회전하는 그림자도 없으시니라"라고 말씀하고 있습니다. 즉 하나님은 언제나 동일하고 불변하신 분이십니다.

③ 무한(無限)하신 분

> 산이 생기기 전, 땅과 세계도 주께서 조성하시기 전 곧 영원부터 영원
> 까지 주는 하나님이시니이다
>
> - 시편 90:2

> 내가 주의 영을 떠나 어디로 가며 주의 앞에서 어디로 피하리이까 내
> 가 하늘에 올라갈지라도 거기 계시며 스올에 내 자리를 펼지라도 거
> 기 계시니이다
>
> - 시편 139:7-8

성경 본문에서는 "영원부터 영원까지 주는 하나님", "하늘에 올
라갈지라도 거기 계시며 스올에 내 자리를 펼지라도 거기 계시니
이다"라고 말씀하고 있습니다. 하나님은 위대하시며 영원하시며 어
느 곳이든 계시는 무한하신 분입니다. 즉 시공간을 초월하신 분입
니다.

④ 전지전능(全知全能)하신 분

> 지으신 것이 하나도 그 앞에 나타나지 않음이 없고 우리의 결산을 받
> 으실 이의 눈앞에 만물이 벌거벗은 것 같이 드러나느니라
>
> - 히브리서 4:13

주께서는 못 하실 일이 없사오며 무슨 계획이든지 못 이루실 것이 없

는 줄 아오니

- 욥기 42:2

성경 본문에서는 "우리의 결산을 받으실 이의 눈앞에 만물이 벌거벗은 것 같이 드러나느니라", " 못하실 일이 없사오며 못 이루실 것이 없는 줄 아오니"라고 말씀하고 있습니다. 즉 하나님은 만물에 대하여 모든 것을 다 아시고 모든 것을 다 이루시는 전지전능한 분이십니다.

⑤ 사랑이 많으신 분

그리스도 예수 안에 있는 속량으로 말미암아 하나님의 은혜로 값 없

이 의롭다 하심을 얻은 자 되었느니라

- 로마서 3:24

혹 네가 하나님의 인자하심이 너를 인도하여 회개하게 하심을 알지

못하여 그의 인자하심과 용납하심과 길이 참으심이 풍성함을 멸시하

느냐

- 로마서 2:4

성경 본문에서는 "하나님의 은혜", "인자하심과 용납하심과 길이

참으심이 풍성함"이라고 말씀하고 있습니다. 즉 하나님은 은혜와
긍휼과 참으심이 풍성하신 사랑이 많은 하나님이십니다.

⑥ 거룩하신 분

지극히 존귀하며 영원히 거하시며 거룩하다 이름하는 이가 이와 같
이 말씀하시되 내가 높고 거룩한 곳에 있으며 또한 통회하고 마음이
겸손한 자와 함께 있나니 이는 겸손한 자의 영을 소생시키며 통회하
는 자의 마음을 소생시키려 함이라

- 이사야 57:15

그러므로 너희 총명한 자들아 내 말을 들으라 하나님은 악을 행하지
아니하시며 전능자는 결코 불의를 행하지 아니하시고

- 욥기 34:10

성경 본문에서는 "거룩하다 이름하는 이", "하나님은 악을 행하
지 아니하시며 전능자는 결코 불의를 행하지 아니하시고"라고 말
씀하고 있습니다. 즉 하나님은 악과 불의를 행하지 아니하는 거룩
하신 분이십니다.

⑦ 의로우신 분

> 능력 있는 왕은 정의를 사랑하느니라 주께서 공의를 견고하게 세우시
> 고 주께서 야곱에게 정의와 공의를 행하시나이다
>
> - 시편 99:4

성경 본문에서는 "주께서 공의를 견고하게 세우시고", "정의와 공의를 행하시나이다"라고 말씀하고 있습니다. 즉 하나님은 정의와 공의를 행하는 의로운 분이십니다.

⑧ 진실(眞實)하신 분

> 우리는 미쁨이 없을지라도 주는 항상 미쁘시니 자기를 부인하실 수
> 없으시리라
>
> - 디모데후서 2:13

성경 본문에서는 "주는 항상 미쁘시니"라고 말씀하고 있습니다. '미쁘다'는 믿음성이 있다는 뜻입니다. 즉 하나님의 약속을 믿을 수 있는 진실한 분이십니다.

⑨ 주권(主權)을 가지고 계신 분

모든 일을 그의 뜻의 결정대로 일하시는 이의 계획을 따라 우리가 예

정을 입어 그 안에서 기업이 되었으니

- 에베소서 1:11

성경 본문에서는 "그의 뜻의 결정대로 일하시는"이라고 말씀하고 있습니다. 즉 하나님은 모든 일을 그의 뜻으로 결정하고 결정대로 일하시며 못하실 일이 없으시고 못 이루실 일이 없는 절대주권을 가지고 계신 분이십니다.

5. 하나님의 성품과 기도와의 관련성

앞에서 우리 기도의 대상인 하나님이 어떤 분인지 알아보았습니다. 하나님이 어떤 분인지 알아야 하는 이유는 하나님의 뜻에 따라 기도를 드리기 위함입니다. 그러므로 하나님의 성품에 맞추어 기도를 드릴 때 하나님의 뜻에 맞는 기도를 드릴 수 있습니다. 다음으로 하나님의 성품과 기도와의 관련성을 알아보겠습니다.

첫째, 하나님은 영원한 분이시고 진실한 분임을 알고 기도해야 합니다.

우리의 기도 대상인 하나님은 영원한 분이십니다. 사라지고 없어질 피조물이 아닌 창조주이십니다. 우리의 기도를 들으시고 응답 없이 사라질 분이 아니십니다. 하나님의 때에 반드시 응답하는 진실한 분이십니다. 그러므로 우리는 진실하신 하나님의 응답이 있을 때까지 기도를 하여야 합니다.

둘째, 하나님은 전지하신 분임을 알고 기도해야 합니다.

하나님은 모든 것을 아는 전지하신 분입니다. 하나님은 기도 내용과 기도 시간의 많고 적음에 관계없이 우리의 필요를 다 아십니다. 그러므로 우리가 기도를 장황하게 하기보다는 솔직하고 간결하게 기도하여야 합니다.

셋째, 하나님은 전능하신 분임을 알고 기도해야 합니다.

하나님은 전능하십니다. 하나님께서는 능치 못할 일이 없으시며 불가능한 일이 없습니다. 하나님은 하나님의 뜻에 따라 하나님의 때에 반드시 응답해 주십니다. 그러므로 우리는 전능하신 하나님을 믿고 응답을 주실 때까지 기도해야 합니다.

넷째, 하나님은 주권을 가지고 계시는 분임을 알고 기도해야 합니다.

하나님께서는 절대 주권을 가지고 계신 분입니다. 하나님은 세상을 하나님의 뜻에 따라 다스리십니다. 우리의 인생도 다스리십니다. 그러므로 우리는 하나님의 주권에 의지하고 하나님의 뜻에 순종하며 기도해야 합니다.

다섯째, 하나님은 은혜로우신 분임을 알고 기도해야 합니다.

하나님은 은혜로우신 분입니다. 하나님의 뜻에 합한 기도는 어떤 기도라도 들어 주시는 은혜로우신 분입니다. 그러므로 우리는 하나님의 은혜에 감사하며 하나님의 뜻에 맞는 기도 내용과 방법으로 기도하며 순종해야 합니다.

여섯째, 하나님은 편재하신 분임을 알고 기도해야 합니다.

하나님은 편재하신 분입니다. 언제 어디서나 우리의 기도를 들으실 수 있습니다. 그러므로 우리는 일정한 장소에서 일정한 시간에 드리는 기도도 중요하지만 장소와 시간에 관계없이 쉬지 말고 기도해야 합니다.

일곱째, 하나님은 사랑이심을 알고 기도해야 합니다.

하나님은 사랑이십니다. 하나님께서는 우리를 사랑하십니다. 우리가 생명을 얻고 더 풍성히 얻게 하십니다. 그러므로 하나님의 사랑에 의지하여 기도해야 합니다.

여덟째, 하나님은 거룩하시는 분임을 알고 기도해야 합니까.

하나님은 거룩하십니다. 하나님은 어떤 죄도 용납하지 않습니다. 우리가 진심으로 죄와 단절하려는 마음이 없이는 결코 하나님과 친밀한 교제를 할 수 없습니다. 그러므로 죄에 빠진 우리는 자신의 죄와 허물을 하나님께 자백하고 참회하는 기도를 해야 합니다.

기도 대상 ❷ - 예수님

나의 자녀들아 내가 이것을 너희에게 씀은 너희로 죄를 범하지 않게
하려 함이라 만일 누가 죄를 범하여도 아버지 앞에서 우리에게 대언
자가 있으니 곧 의로우신 예수 그리스도시라

- 요한일서 2:1

1. 우리가 하나님께 기도할 수 있도록 길을 열어 주신 예수님

그러므로 형제들아 우리가 예수의 피를 힘입어 성소에 들어갈 담력을
얻었나니 그 길은 우리를 위하여 휘장 가운데로 열어 놓으신 새로운
살 길이요 휘장은 곧 그의 육체니라

- 히브리서10:19-20

구약시대 지성소는 대제사장 외에는 아무도 들어갈 수 없었습니
다. 그러나 신약시대인 오늘날 우리는 예수 그리스도의 대속으로
구약시대의 지성소인 은혜의 보좌 앞으로 담대히 나갈 수 있습니
다. 성경 본문에서는 "그 길은 우리를 위하여 휘장 가운데로 열어

놓으신 새로운 살 길이요"라고 말씀하고 있습니다. 즉 그 길은 예수 그리스도의 대속으로 하나님과 성도 사이에 막혔든 길을 열어 주신 길입니다. 우리는 예수님의 중보에 덧입어 하나님 앞으로 담대히 나갈 수 있습니다. 즉 우리는 하나님께 직접 기도할 수 있게 되었습니다.

2. 우리 기도의 본이 되시는 예수님

공생애 사역을 기도로 시작하여 마지막 삶을 기도로 마치신 예수님은 우리에게 기도의 모범을 보여주셨습니다.

첫째, 공생애를 시작하기 위해 요한의 세례를 받으시고 기도하였습니다.

> 백성이 다 침례를 받을새 예수도 침례를 받으시고 기도하실 때에 하늘이 열리며
>
> - 누가복음 3:21

둘째, 공생애를 시작하실 때 광야에서 40일 금식 기도를 하였습니다.

그때에 예수께서 성령에게 이끌리어 마귀에게 시험을 받으러 광야로 가사 사십 일을 밤낮으로 금식하신 후에 주리신지라

- 마태복음 4:1-2

셋째, 12제자를 택하시기 전에 기도하였습니다.

이때에 예수께서 기도하시러 산으로 가사 밤이 새도록 하나님께 기도하시고 밝으매 그 제자들을 부르사 그 중에서 열둘을 택하여 사도라 칭하셨으니

- 누가복음 6:12-13

넷째, 오병이어 기적을 행하신 이후 산에 올라가 기도하였습니다.

먹은 사람은 여자와 어린이 외에 오천 명이나 되었더라 예수께서 즉시 제자들을 재촉하사 자기가 무리를 보내는 동안에 배를 타고 앞서 건너편으로 가게 하시고 무리를 보내신 후에 기도하러 따로 산에 올라가시니라 저물매 거기 혼자 계시더니

- 마태복음 14:21-23

다섯째, 십자가상에서 돌아가시기 전에 겟세마네 동산에서 기도하였습니다.

예수께서 나가사 습관을 따라 감람산에 가시매 제자들도 따라갔더니 그곳에 이르러 그들에게 이르시되 유혹에 빠지지 않게 기도하라 하시고 그들을 떠나 돌 던질 만큼 가서 무릎을 꿇고 기도하여 이르시되 아버지여 만일 아버지의 뜻이거든 이 잔을 내게서 옮기시옵소서 그러나 내 원대로 마시옵고 아버지의 원대로 되기를 원하나이다 하시니 천사가 하늘로부터 예수께 나타나 힘을 더하더라 예수께서 힘쓰고 애써 더욱 간절히 기도하시니 땀이 땅에 떨어지는 핏방울같이 되더라

- 누가복음 22:39-44

여섯째, 십자가상에서 마지막 기도를 하였습니다.

예수께서 큰 소리로 불러 이르시되 아버지 내 영혼을 아버지 손에 부탁하나이다 하고 이 말씀을 하신 후 숨지시니라

- 누가복음 23:46

3. 우리 기도의 선생님이 되시는 예수님

첫째, 모범 기도문인 주기도문을 통하여 기도하는 방법을 가르쳐 주었습니다.

예수께서 한 곳에서 기도하시고 마치시매 제자 중 하나가 여짜오되

주여 요한이 자기 제자들에게 기도를 가르친 것과 같이 우리에게도 가르쳐 주옵소서 예수께서 이르시되 너희는 기도할 때에 이렇게 하라 아버지여 이름이 거룩히 여김을 받으시오며 나라가 임하시오며 우리에게 날마다 일용할 양식을 주시옵고 우리가 우리에게 죄 지은 모든 사람을 용서하오니 우리 죄도 사하여 주시옵고 우리를 시험에 들게 하지 마시옵소서 하라

- 누가복음 11:1-4

둘째, 예수님은 제자에게 원수를 사랑하고 또한 박해하는 자를 위하여 기도하라고 가르쳐 주었습니다.

나는 너희에게 이르노니 너희 원수를 사랑하며 너희를 박해하는 자를 위하여 기도하라

- 마태복음 5:44

셋째, 예수님은 외식하는 자와 같이 겉만 보기 좋게 꾸민 기도를 하지 말고 골방에 들어가 숨어 겉으로 드러나지 않는 기도를 할 것과 이방인처럼 같은 말을 계속 되풀이하는 기도를 하지 말 것을 가르쳐 주었습니다.

또 너희는 기도할 때에 외식하는 자와 같이 하지 말라 그들은 사람에게 보이려고 회당과 큰 거리 어귀에 서서 기도하기를 좋아하느니라 내

가 진실로 너희에게 이르노니 그들은 자기 상을 이미 받았느니라 너는 기도할 때에 네 골방에 들어가 문을 닫고 은밀한 중에 계신 네 아버지께 기도하라 은밀한 중에 보시는 네 아버지께서 갚으시리라 또 기도할 때에 이방인과 같이 중언부언하지 말라 그들은 말을 많이 하여야 들으실 줄 생각하느니라 그러므로 그들을 본받지 말라 구하기 전에 너희에게 있어야 할 것을 하나님 너희 아버지께서 아시느니라

- 마태복음 6:5-8

넷째, 예수님은 기도 응답 받는 방법을 제자들에게 가르쳐 주었습니다. 구하라, 찾으라, 문을 두드리라.

구하라 그리하면 너희에게 주실 것이요 찾으라 그리하면 찾아낼 것이요 문을 두드리라 그리하면 너희에게 열릴 것이니 구하는 이마다 받을 것이요 찾는 이는 찾아낼 것이요 두드리는 이에게는 열릴 것이니라 너희 중에 누가 아들이 떡을 달라 하는데 돌을 주며 생선을 달라 하는데 뱀을 줄 사람이 있겠느냐 너희가 악한 자라도 좋은 것으로 자식에게 줄 줄 알거든 하물며 하늘에 계신 너희 아버지께서 구하는 자에게 좋은 것으로 주시지 않겠느냐

- 마태복음 7:7-11

다섯째, 예수님은 시험에 들지 않기 위하여 깨어 있는 기도 생활을 할 것을 제자들에게 가르쳐 주었습니다.

시험에 들지 않게 깨어 기도하라 마음에는 원이로되 육신이 약하도
다 하시고

- 마태복음 6:41

4. 우리에게 기도할 것을 명령하시는 예수님

첫째, 먼저 그의 나라와 그의 의를 구하는 기도를 하라고 명령
하십니다.

그런즉 너희는 먼저 그의 나라와 그의 의를 구하라 그리하면 이 모든
것을 너희에게 더하시리라

- 마태복음 6:33

둘째, 구하라, 찾아라, 문을 두드리라고 명령하십니다.

구하라 그리하면 너희에게 주실 것이요 찾으라 그리하면 찾아낼 것
이요 문을 두드리라 그리하면 너희에게 열릴 것이니

- 마태복음 7:7

셋째, 항상 기도하며 깨어 있으라고 명령하십니다.

이러므로 너희는 장차 올 이 모든 일을 능히 피하고 인자 앞에 서도록

항상 기도하며 깨어 있으라 하시니라

- 누가복음 21:36

넷째, 이웃의 평안을 위하여 박해하는 자를 위하여 기도하라고

명령하십니다.

그 집에 들어가면서 평안하기를 빌라

- 마태복음 10:12

나는 너희에게 이르노니 너희 원수를 사랑하며 너희를 박해하는 자

를 위하여 기도하라

- 마태복음 5:44

5. 지금도 우리를 위하여 중보 기도하고 계시는 예수님

첫째, 예수님은 우리의 연약함을 가엾게 여기시고 우리를 위하

여 기도하고 계십니다.

우리에게 있는 대제사장은 우리의 연약함을 동정하지 못하실 이가 아

니요 모든 일에 우리와 똑같이 시험을 받으신 이로되 죄는 없으시니라

- 히브리서 4:15

성경 본문에서는 "우리의 연약함을 동정하지 못하실 이가 아니요"라고 말씀하고 있습니다. 즉 예수님은 우리의 연역함을 가엾게 여기시고 우리를 위하여 오늘도 중보 기도하고 계십니다.

둘째, 우리를 대신해서 변호하는 대언자이십니다.

나의 자녀들아 내가 이것을 너희에게 씀은 너희로 죄를 범하지 않게 하려 함이라 만일 누가 죄를 범하여도 아버지 앞에서 우리에게 대언자가 있으니 곧 의로우신 예수 그리스도시라

- 요한일서 2:1

성경 본문에서는 "우리에게 대언자가 있으니 곧 의로우신 예수 그리스도시라"라고 말씀하고 있습니다. 대언자(代言者)는 헬라어 '파라클레토스'로 변호사, 조력자, 위로자, 상담자를 뜻합니다. 즉 예수님은 하나님 앞에서 우리를 변호하십니다. 우리가 죄를 범하여도 하나님 아버지께 우리의 죄를 변호하시고 용서받도록 해주는 분이십니다.

셋째, 하나님 우편에서 우리를 위하여 간구하십니다.

누가 정죄하리요 죽으실 뿐 아니라 다시 살아나신 이는 그리스도 예
수시니 그는 하나님 우편에 계신 자요 우리를 위하여 간구하시는 자
시니라

- 로마서 8:34

성경 본문에서는 "그는 하나님 우편에 계신 자요 우리를 위하여
간구하시는 자시니라"라고 말씀하고 있습니다. 즉 예수님은 지금 이
순간에도 하나님의 우편에서 우리를 위하여 간구하고 계십니다.

6. 예수 그리스도의 이름으로 기도하게 하시는 예수님

첫째, 기도는 예수 그리스도의 이름으로 이루어집니다.

너희가 내 이름으로 무엇을 구하든지 내가 행하리니 이는 아버지로
하여금 아들로 말미암아 영광을 받으시게 하려 함이라 내 이름으로
무엇이든지 내게 구하면 내가 행하리라

- 요한복음14:13-14

성경 본문에서는 "내 이름으로 무엇이든지 내게 구하면"이라고
말씀하고 있습니다. 예수님은 내 이름으로 구하라고 하십니다. 예
수 그리스도의 이름으로 기도를 드릴 때 기도는 이루어집니다. 즉

기도 말미에 "예수 그리스도 이름으로 기도드립니다"라고 해도 되고 안 해도 되는 것이 아닙니다. 이것은 기도의 필수요건입니다. 그리고 예수 그리스도의 이름이 아닌 다른 이름으로 기도해서는 안 됩니다. "하나님의 이름으로 기도합니다"라고 해서도 안 됩니다. 일부 이단은 자기들의 교주 이름으로 기도하고 있습니다.

둘째, 예수 그리스도 십자가의 공로를 힘입어 하나님께 간구하는 것입니다.

> 너희가 내 이름으로 무엇을 구하든지 내가 행하리니 이는 아버지 로 하여금 아들로 말미암아 영광을 받으시게 하려 함이라 내 이 름으로 무엇이든지 내게 구하면 내가 행하리라
>
> - 요한복음14:13-14

성경 본문에서는 "내 이름으로 무엇이든지 내게 구하면 내가 행하리라"라고 말씀하고 있습니다. 죄와 허물이 많은 우리는 하나님께 바로 간구할 수 없습니다. 그러나 예수 그리스도 십자가의 공로에 의지하여 하나님께 간구할 수 있습니다.

셋째, 예수 그리스도 십자가의 공로를 힘입어 기도에 대한 확신을 가지는 것입니다.

누가 정죄하리요 죽으실 뿐 아니라 다시 살아나신 이는 그리스도 예
수시니 그는 하나님 우편에 계신 자요 우리를 위하여 간구하시는 자
시니라 누가 우리를 그리스도의 사랑에서 끊으리요 환난이나 곤고나
박해나 기근이나 적신이나 위험이나 칼이랴

- 로마서 8:34-35

성경 본문에서는 "누가 우리를 그리스도의 사랑에서 끊으리요"라
고 말씀하고 있습니다. 어느 누구도 우리를 예수 그리스도에서 떼
어놓을 수 없습니다. 얼마나 확신에 찬 말씀입니까? 이와 같이 예
수 그리스도를 의지할 때 하나님께서 우리의 기도를 받으신다는
확신을 가질 수 있습니다. 그리고 하나님께서 예수 그리스도를 십
자가의 공로를 보시고 우리의 기도에 대해 확실히 응답하실 것을
소망할 수 있습니다.

기도 대상 ❸ - 성령님

그러하나 진리의 성령이 오시면 그가 너희를 모든 진리 가운데로 인
도하시리니 그가 자의로 말하지 않고 오직 듣는 것을 말하시며 장래
일을 너희에게 알리시리라

- 요한복음 16:13

우리는 성령님에 대하여 많은 오해를 하고 있습니다. 성령에 대
한 오해 중에 가장 큰 오해는 성령님을 인격적인 분이 아닌 어떤
능력이나 힘으로 생각하는 것입니다. 이러한 오해는 삼위일체 하
나님이신 성령 하나님으로서 정체성을 부인하는 것입니다. 분명히
알아야 하는 것은 성령님은 삼위일체 하나님이시며 인격적인 분이
십니다. 그리고 진리의 영이시며 기도의 영이시며 우리를 기도의
길로 인도하는 기도의 인도자이십니다.

1. 성도에 대한 성령님의 사역은 무엇입니까?

첫째, 죄에 대하여, 의에 대하여, 심판에 대하여 세상을 책망하

십니다.

> 그러나 내가 너희에게 실상을 말하노니 내가 떠나가는 것이 너희에게
> 유익이라 내가 떠나가지 아니하면 보혜사가 너희에게로 오시지 아니
> 할 것이요 가면 내가 그를 너희에게로 보내리니 그가 와서 죄에 대하
> 여, 의에 대하여, 심판에 대하여 세상을 책망하시리라 죄에 대하여라
> 함은 그들이 나를 믿지 아니함이요 의에 대하여라 함은 내가 아버지
> 께로 가니 너희가 다시 나를 보지 못함이요 심판에 대하여라 함은 이
> 세상 임금이 심판을 받았음이라
>
> - 요한복음16:7-11

둘째, 우리를 하나님 나라에 들어갈 수 있도록 하십니다.

> 예수께서 대답하시되 진실로 진실로 네게 이르노니 사람이 물과 성
> 령으로 나지 아니하면 하나님 나라에 들어갈 수 없느니라
>
> - 요한복음 3:5

셋째, 우리에게 권능을 주시고 예수님의 증인이 되게 하십니다.

> 오직 성령이 너희에게 임하시면 너희가 권능을 받고 예루살렘과 온
> 유대와 사마리아와 땅 끝까지 이르러 내 증인이 되리라 하시니라
>
> - 사도행전 1:8

넷째, 우리를 모든 진리 가운데로 인도하십니다.

> 그러하나 진리의 성령이 오시면 그가 너희를 모든 진리 가운데로 인
> 도하시리니 그가 자의로 말하지 않고 오직 듣는 것을 말하시며 장래
> 일을 너희에게 알리시리라
>
> - 요한복음 16:13

다섯째, 우리에게 소망이 넘치게 하십니다.

> 소망의 하나님이 모든 기쁨과 평강을 믿음 안에서 너희에게 충만케
> 하사 성령의 능력으로 소망이 넘치게 하시기를 원하노라
>
> - 로마서 15:13

여섯째, 우리를 거룩하게 하십니다.

> 곧 하나님 아버지의 미리 아심을 따라 성령이 거룩하게 하심으로 순
> 종함과 예수 그리스도의 피 뿌림을 얻기 위하여 택하심을 받은 자들
> 에게 편지하노니 은혜와 평강이 너희에게 더욱 많을지
>
> - 베드로전서 1:2

일곱째, 우리에게 여러 가지 은사를 주십니다.

은사는 여러 가지나 성령은 같고 직임은 여러 가지나 주는 같으며 또 역사는 여러 가지나 모든 것을 모든 사람 가운데서 역사하시는 하나님은 같으니 각 사람에게 성령의 나타남을 주심은 유익하게 하려 하심이라 어떤 이에게는 성령으로 말미암아 지혜의 말씀을, 어떤 이에게는 같은 성령을 따라 지식의 말씀을, 다른 이에게는 같은 성령으로 믿음을, 어떤 이에게는 한 성령으로 병 고치는 은사를, 어떤 이에게는 능력 행함을, 어떤 이에게는 예언함을, 어떤 이에게는 영들 분별함을, 다른 이에게는 각종 방언 말함을, 어떤 이에게는 방언들 통역함을 주시나니 이 모든 일은 같은 한 성령이 행하사 그 뜻대로 각 사람에게 나눠 주시느니라

- 고린도전서 12:4-11

여덟째, 우리에게 성령의 열매를 주십니다.

오직 성령의 열매는 사랑과 희락과 화평과 오래 참음과 자비와 양선과 충성과 온유와 절제니 이 같은 것을 금지할 법이 없느니라

- 갈라디아서 5:22-23

2. 성령님과 기도와의 관계

첫째, 기도의 영이신 성령님

내가 다윗의 집과 예루살렘 주민에게 은총과 간구하는 심령을 부어

주리니 그들이 그 찌른 바 그를 바라보고 그를 위하여 애통하기를 독

자를 위하여 애통하듯 하며 그를 위하여 통곡하기를 장자를 위하여

통곡하듯 하리로다

- 스가랴 12:10

이와 같이 성령도 우리의 연약함을 도우시나니 우리는 마땅히 기도

할 바를 알지 못하나 오직 성령이 말할 수 없는 탄식으로 우리를 위

하여 친히 간구하시느니라

- 로마서 8:26

성경 본문에서는 "간구하는 심령"을 새번역 성경에는 "구하는 영"
으로 표현하고 있습니다. 즉 성령님은 기도의 영이십니다. 또한 성
경 본문에서는 "우리를 위하여 친히 간구하시느니라"라고 말씀하
고 있습니다. 즉 성령님은 우리의 마음속에 임재하셔서 우리를 위
하여 친히 간구해 주는 기도의 영이십니다.

둘째, 우리를 기도의 길로 인도하시는 성령님

모든 기도와 간구를 하되 항상 성령 안에서 기도하고 이를 위하여 깨

어 구하기를 항상 힘쓰며 여러 성도를 위하여 구하라

- 에베소서 6:18

사랑하는 자들아 너희는 너희의 지극히 거룩한 믿음 위에 자신을 세

우며 성령으로 기도하며

- 유다서 1:20

성경 본문에서는 "성령 안에서 기도하고", "성령으로 기도하며"라고 말씀하고 있습니다. 성령님의 도우심과 인도하심을 받아 기도하라는 뜻입니다. 성령님의 인도하심에 따라 하나님께 기도할 때 하나님의 뜻에 합한 기도를 할 수 있습니다.

셋째, 우리를 위해 기도하시는 성령님

이와 같이 성령도 우리의 연약함을 도우시나니 우리는 마땅히 기도

할 바를 알지 못하나 오직 성령이 말할 수 없는 탄식으로 우리를 위

하여 친히 간구하시느니라 마음을 살피시는 이가 성령의 생각을 아시

나니 이는 성령이 하나님의 뜻대로 성도를 위하여 간구하심이니라

- 로마서 8:26-27

성경 본문에서는 "오직 성령이 말할 수 없는 탄식으로 우리를 위하여 친히 간구하시느니라"라고 말씀하고 있습니다. 성령님은 우리가 기도할 바를 알지 못할 때 성령님께 우리를 위하여 친히 기도해 주십니다.

넷째, 우리의 기도를 도우시는 성령님

이와 같이 성령도 우리의 연약함을 도우시나니 우리는 마땅히 기도
할 바를 알지 못하나 오직 성령이 말할 수 없는 탄식으로 우리를 위
하여 친히 간구하시느니라 마음을 살피시는 이가 성령의 생각을 아시
나니 이는 성령이 하나님의 뜻대로 성도를 위하여 간구하심이니라

- 로마서 8:26-27

그러나 사랑하는 여러분은 여러분의 가장 고귀한 믿음의 터전 위에
스스로를 세우고 성령의 도우심을 받아 기도하십시오.

- 공동번역 성경 유다서 1:20

성경 본문에서는 "성령도 우리의 연약함을 도우시나니"라고 말씀
하고 있습니다. 성령님은 우리가 마땅히 기도할 것을 모르고 있을
때 우리를 기도할 수 있도록 도와주십니다. 또 공동번역 성경에
"성령의 도우심을 받아 기도하십시오"라고 말씀하고 있습니다.

그러나 성령님께서는 언제나 동일하게 성도의 기도를 도우시지
않습니다.

그들이 너희에게 말하기를 마지막 때에 자기의 경건하지 않은 정욕대
로 행하며 조롱하는 자들이 있으리라 하였나니 이 사람들은 분열을

일으키는 자며 육에 속한 자며 성령이 없는 자니라

- 유다서 1:18-19

예수 그리스도를 영접하는 동시에 성령님께서 성도의 심령 가운데 내재하십니다. 그러나 성령님의 도우심은 항상 동일하지 않습니다. 성도의 성령 충만 여하에 따라 성령님의 도움 정도에 차이가 있습니다. 성경 본문에서는 "자기의 경건하지 않은 정욕대로 행하며 조롱하는 자들이 (…) 성령이 없는 자니라"라고 말씀하고 있습니다. 성령이 없는 자에게는 성령님께서 도와주지 않습니다.

3. 성령 충만과 기도와의 관계

첫째, 성령 충만이란 무엇입니까?

그들이 다 성령의 충만함을 받고 성령이 말하게 하심을 따라 다른 언어들로 말하기를 시작하니라

- 사도행전 2:4

빌기를 다하매 모인 곳이 진동하더니 무리가 다 성령이 충만하여 담대히 하나님의 말씀을 전하니라

- 사도행전 4:31

성경 본문에서는 "성령의 충만함을 받고 성령이 말하게 하심을 따라", "성령이 충만하여 담대히 하나님의 말씀을 전하니라"라고 말씀하고 있습니다. 성경 말씀을 통해 성령 충만을 받은 결과 성령님이 하시는 대로 성령의 능력으로 말씀을 전하는 모습을 볼 수 있습니다. 성령 충만은 그리스도인이 성령의 완전한 다스림을 받아 영적으로 강해지며 모든 삶이 성령님의 감동과 인도하심을 받는 상태라 할 수 있습니다. 모든 그리스도인이 예수님을 영접하는 순간부터 성령님은 항상 모든 성도 안에 계십니다(성령 내재). 그러나 성령님께서 모든 그리스도인 안에 계시지만 모든 그리스도인이 다 성령 충만한 것은 아닙니다. 성령 내재와 성령 충만은 다릅니다.

둘째, 하나님의 뜻에 합하는 기도 생활은 오직 성령 충만해야만 가능합니다.

성령과 기도와의 관계에서 말씀드린 것과 같이 성령님은 기도의 영으로서 성령님이 계시지 않으면 기도가 불가능합니다. 기도는 내 능력으로 내 의지로 하는 것이 아니라 성령으로 하는 것입니다. 내 안에 있는 성령의 능력을 얼마나 의지하느냐에 따라 즉 성령 충만한가에 따라 하나님의 뜻에 합한 기도를 하느냐 아니면 내 뜻대로 기도를 하느냐가 결정됩니다.

셋째, 여러분은 현재 성령 충만하십니까?

다음의 질문에 스스로 답하여 보십시오. 답변이 긍정적일 경우에는 여러분의 영적 상태가 성령 충만한 상태라 할 수 있습니다.

술 취하지 말라 이는 방탕한 것이니 오직 성령으로 충만함을 받으라 시와 찬송과 신령한 노래들로 서로 화답하며 너희의 마음으로 주께 노래하며 찬송하며 범사에 우리 주 예수 그리스도의 이름으로 항상 아버지 하나님께 감사하며 그리스도를 경외함으로 피차 복종하라

- 에베소서 5:18-21

빌기를 다하매 모인 곳이 진동하더니 무리가 다 성령이 충만하여 담대히 하나님의 말씀을 전하니라

- 사도행전 4:31

오직 성령의 열매는 사랑과 희락과 화평과 오래 참음과 자비와 양선과 충성과 온유와 절제니 이 같은 것을 금지할 법이 없느니라

- 갈라디아서 5:22-23

① 하나님의 영광을 위해 말하고 찬양하고 있습니까?
② 하나님께 진심으로 감사하는 삶을 살고 있습니까?
③ 성도 상호간에 서로 복종하는 삶을 살아가고 있습니까?
④ 담대함이 생기고 그리스도의 증인된 삶을 살아가고 있습니까?
⑤ 성령의 열매대로 살아가고 있습니까?

넷째, 어떻게 성령의 충만을 받습니까?

술 취하지 말라 이는 방탕한 것이니 오직 성령으로 충만함을 받으라

- 에베소서 5:18

성경 본문에서는 "오직 성령으로 충만함을 받으라"라고 말씀하고 있습니다. 성령으로 충만함을 받으라는 의미는 모든 성도들이 반복적이고 지속적으로 성령 충만하여야 한다는 명령입니다. 예수님을 나의 구주 나의 주님으로 영접하는 순간 모든 그리스도인들의 심령 가운데 성령님이 내재하십니다. 그러나 성령님이 내재하신다고 모든 그리스도인들이 다 성령 충만하지는 않습니다. 성령 충만한 그리스도인과 성령 충만하지 못한 그리스도인으로 나뉘게 됩니다.

성령 충만하지 못한 그리스도인은 아래와 같이 하여야 합니다.

① 성령 충만하기를 간절히 사모해야 합니다.

하나님이여 사슴이 시냇물을 찾기에 갈급함 같이 내 영혼이 주를 찾기에 갈급하나이다 내 영혼이 하나님 곧 살아 계시는 하나님을 갈망하나니 내가 어느 때에 나아가서 하나님의 얼굴을 뵈올까

- 시편 42:1-2

② 당신의 죄를 남김없이 고백하여야 합니다.

> 만일 우리가 우리 죄를 자백하면 그는 미쁘시고 의로우사 우리 죄를 사하시며 우리를 모든 불의에서 깨끗하게 하실 것이요
>
> - 요한일서 1:9

> 베드로가 가로되 너희가 회개하여 각각 예수 그리스도의 이름으로 침례를 받고 죄 사함을 얻으라 그리하면 성령을 선물로 받으리니
>
> - 사도행전 2:38

③ 믿음으로 성령 충만을 받는 것을 확신하여야 합니다.

> 이는 그리스도 예수 안에서 아브라함의 복이 이방인에게 미치게 하고 또 우리로 하여금 믿음으로 말미암아 성령의 약속을 받게 하려 함이라
>
> - 갈라디아서 3:14

성령 충만을 받기 위한 기도를 하십시오.

> "하나님 아버지 성령 충만하기를 갈망합니다. 저의 잘못한 모든 죄를 고백하오니 예수 그리스도의 십자가의 보혈로 용서하여 주시옵소서 저의 죄를 용서해 주심을 감사합니다. 성령 충만해 주신 것을 믿습니

다. 저의 능력이 아닌 성령의 능력으로 살아가게 성령 충만하게 하시옵소서. 성령님이 저의 심령을 다스려 주시옵소서 예수님의 이름으로 기도합니다. 아멘"

너희가 악할지라도 좋은 것을 자식에게 줄 줄 알거든 하물며 너희 하늘 아버지께서 구하는 자에게 성령을 주시지 않겠느냐 하시니

- 누가복음 11:13

성경 본문에서는 "하늘 아버지께서 구하는 자에게 성령을 주시지 않겠느냐"라고 말씀하고 있습니다. 하나님의 자녀들이 성령을 구하게 될 때 하늘 아버지께서 성령을 주십니다.

다섯째, 어떻게 성령 충만을 유지할 수 있습니까?

성령 충만한 그리스도인은 항상 성령 충만한 상태를 유지하기 위해 노력해야 합니다. 성령 충만은 항상 동일하게 유지되지 않습니다. 성령 충만을 유지하기 위해서는 성령을 소멸치 말아야 하며 성령을 근심케 하지 말아야 합니다. 만일 성령을 소멸하거나 성령을 근심케 하는 경우에는 성령이 충만하지 못하게 됩니다. 이때는 다시 성령 충만함을 받아야 합니다.

① 성령을 소멸치 말아야 합니다.

> 성령을 소멸하지 말며
>
> - 데살로니가 5:19

성령을 불로 비유하여 불을 끄지 않듯이 성령을 소멸하지 말라고 표현했습니다. 성령이 소멸치 않도록 주의해야 합니다. 불은 산소가 있어야 계속 탈 수 있습니다. 산소 유입을 차단하면 불은 꺼지고 맙니다. 마찬가지로 우리는 영육 간에 건강할 때 성령 충만하지만 영육 간에 건강하지 못할 때 성령은 소멸하게 됩니다. 성령을 소멸치 않기 위하여 항상 건강한 영육을 유지하여야 합니다.

② 성령을 근심케 하지 말아야 합니다.

> 하나님의 성령을 근심하게 하지 말라 그 안에서 너희가 구원의 날까지 인치심을 받았느니라 너희는 모든 악독과 노함과 분냄과 떠드는 것과 비방하는 것을 모든 악의와 함께 버리고
>
> - 에베소서 4:30-31

성령님을 근심케 하지 말아야 한다는 것은 성령님을 슬프게 하지 말아야 한다는 것입니다. 우리가 모든 악독과 노함과 분냄과 떠드는 것과 비방하는 것을 할 때 성령님은 슬퍼하십니다. 성경 본

문에서는 "너희는 모든 악독과 노함과 분냄과 떠드는 것과 비방하는 것을 모든 악의와 함께 버리고"라고 말씀하고 있습니다. 성령님을 슬퍼하지 않게 하는 방법은 모든 악의를 버리는 것입니다.

기도자란
누구입니까?

누가 기도자입니까?

여호와여 나의 말에 귀를 기울이사 나의 심정을 헤아려 주소서 나의

왕, 나의 하나님이여 내가 부르짖는 소리를 들으소서 내가 주께 기도

하나이다

- 시편 5:1-2

기도의 대상인 하나님을 아는 것도 중요하지만 기도하는 기도자
를 아는 것 역시 중요합니다.

1. 예수 그리스도를 믿어 구원받은 자만이 기도자입니다

예수께서 이르시되 내가 곧 길이요 진리요 생명이니 나로 말미암지

않고는 아버지께로 올 자가 없느니라

- 요한복음 14:6

기도는 하나님을 믿는 신자도 하고 불신자도 합니다. 그러나 하
나님께 드리는 기도는 누구나 다 하는 것이 아닙니다. 불신자는 하

나님이 창조한 피조물에게 하고 그리스도인은 살아계신 하나님께 합니다. 살아계신 하나님께 기도할 수 있는 자는 오직 예수 그리스도 십자가의 보배로운 피로 구속받고 구원받은 자만이 할 수 있습니다. 성경 본문에서는 "예수께서 이르시되 내가 곧 길이요"라고 말씀하고 있습니다. 예수 그리스도는 하나님으로 나가는 길입니다.

2. 하나님이 기뻐하시는 기도자는 하나님의 뜻에 합한 기도자입니다

폐하시고 다윗을 왕으로 세우시고 증언하여 이르시되 내가 이새의
아들 다윗을 만나니 내 마음에 맞는 사람이라 내 뜻을 다 이루리라
하시더니

- 사도행전 13:22

하나님의 자녀로 하나님께 기도를 드리는 사람이 진정한 기도자입니다. 그러나 진정한 기도자 모두가 하나님이 기뻐하시는 기도자가 아닙니다. 하나님께서 기뻐하시는 기도자는 하나님의 뜻에 합한 기도자입니다.

성경 본문에서는 "내 마음에 맞는 사람이라 내 뜻을 다 이루리라"라고 말씀하고 있습니다. 하나님은 다윗을 하나님 마음에 합한

사람으로 하나님의 뜻을 다 이루리라고 말씀하였습니다. 기도자 역시 하나님 마음에 합한 사람, 하나님의 뜻에 합한 사람이 되어야 합니다. 그러면 어떤 기도자가 하나님의 뜻에 합한 기도자인지 성경에 나타난 기도자의 모습을 통하여 알아보도록 하겠습니다.

첫째, 믿음을 가지고 기도하는 기도자입니다.

> 믿음으로 아벨은 가인보다 더 나은 제사를 하나님께 드림으로 의로
> 운 자라 하시는 증거를 얻었으니 하나님이 그 예물에 대하여 증언하
> 심이라 그가 죽었으나 그 믿음으로써 지금도 말하느니라
>
> - 히브리서 11:4

성경 본문에서는 "믿음으로 아벨은 (…) 의로운 자"라고 말씀하고 있습니다. 아벨은 의로운 사람이며 진실한 믿음을 가진 사람이었습니다. 그러나 가인은 그렇지 않았습니다. 그러므로 하나님께서는 가인과 그의 제물을 받지 않았지만 아벨과 그의 제물을 받았습니다. 아벨은 믿음으로 하나님께 기도를 드렸습니다. 즉 하나님의 뜻에 합한 기도자는 아벨과 같이 믿음을 가지고 기도하는 사람입니다.

둘째, 회개하며 간절한 마음으로 기도하는 기도자입니다.

두 사람이 기도하러 성전에 올라가니 하나는 바리새인이요 하나는 세리라 바리새인은 서서 따로 기도하여 이르되 하나님이여 나는 다른 사람들 곧 토색, 불의, 간음을 하는 자들과 같지 아니하고 이 세리와도 같지 아니함을 감사하나이다 나는 이레에 두 번씩 금식하고 또 소득의 십일조를 드리나이다 하고 세리는 멀리 서서 감히 눈을 들어 하늘을 쳐다보지도 못하고 다만 가슴을 치며 이르되 하나님이여 불쌍히 여기소서 나는 죄인이로소이다 하였느니라 내가 너희에게 이르노니 이에 저 바리새인이 아니고 이 사람이 의롭다 하심을 받고 그의 집으로 내려갔느니라 무릇 자기를 높이는 자는 낮아지고 자기를 낮추는 자는 높아지리라 하시니라

- 누가복음 18:10-14

성경 본문에서는 "바리새인은 서서 따로 기도하여 (…) 나는 다른 사람들 곧 토색, 불의, 간음을 하는 자들과 같지 아니하고 (…) 나는 이레에 두 번씩 금식하고 또 소득의 십일조를 드리나이다"라고 말씀하고 있습니다. 바리새인의 기도는 형식적이며 남을 의식하며 드리는 기도이며 자기의 의를 드러내는 기도이며 자기의 행한 것을 자랑하는 기도입니다. 하나님은 이와 같은 기도는 받지 않습니다. 성경 본문에서는 "세리는 멀리 서서 감히 눈을 들어 하늘을 쳐다보지도 못하고 다만 가슴을 치며 (…) 하나님이여 불쌍히 여기소서 나는 죄인이로소이다"라고 말씀하고 있습니다. 세리의 기도는 사람이 없는 곳에서 죄를 회개하는 마음과 하나님께 향한 간절

한 마음으로 드리는 기도입니다. 하나님은 이와 같은 세리의 기도는 받아들입니다. 즉 하나님의 뜻에 합한 기도자는 세리와 같이 회개하며 간절한 마음으로 기도하는 사람입니다.

셋째, 다른 사람의 잘못을 용서한 후 기도하는 기도자입니다.

> 서서 기도할 때에 아무에게나 혐의가 있거든 용서하라 그리하여야 하
> 늘에 계신 너희 아버지께서도 너희 허물을 사하여 주시리라 하시니라
>
> - 마가복음 11:25

성경 본문에서는 "기도할 때 아무에게나 혐의가 있거든 용서하라"라고 말씀하고 있습니다. 기도할 사람은 다른 사람의 잘못을 용서한 후 기도하여야 합니다. 즉 하나님의 뜻에 합한 기도자는 다른 사람의 잘못을 용서한 후 기도하는 사람입니다.

넷째, 감사하며 기도하는 기도자입니다.

> 아무 것도 염려하지 말고 다만 모든 일에 기도와 간구로, 너희 구할
> 것을 감사함으로 하나님께 아뢰라
>
> - 빌립보서 4:6

성경 본문에서는 "너희 구할 것을 감사함으로 하나님께 아뢰라"

라고 말씀하고 있습니다. 우리의 기도에는 감사가 필연적으로 따라야 합니다. 즉 하나님의 뜻에 합한 기도자는 감사하며 기도하는 사람입니다.

다섯째, 끈질긴 기도를 드리는 기도자입니다.

> 또 이르시되 너희 중에 누가 벗이 있는데 밤중에 그에게 가서 말하기를 벗이여 떡 세 덩이를 내게 꾸어 달라 내 벗이 여행 중에 내게 왔으나 내가 먹일 것이 없노라 하면 그가 안에서 대답하여 이르되 나를 괴롭게 하지 말라 문이 이미 닫혔고 아이들이 나와 함께 침실에 누웠으니 일어나 네게 줄 수가 없노라 하겠느냐 내가 너희에게 말하노니 비록 벗 됨으로 인하여서는 일어나서 주지 아니할지라도 그 간청함을 인하여 일어나 그 요구대로 주리라
>
> - 누가복음 11:5-8

밤중에 찾아간 친구의 끈질긴 간청입니다. 벗이 와서 간청을 하였지만 개인 사정을 들어 벗의 청을 거절합니다. 성경 본문에서는 "비록 벗 됨으로 인하여서는 일어나서 주지 아니할지라도 그 간청함을 인하여 그 요구대로 주리라"라고 말씀하고 있습니다. 벗의 끈질긴 간청 때문에 벗의 청을 들어 주었습니다. 즉 하나님의 뜻에 합한 기도자는 끈질긴 기도를 드리는 사람입니다.

여섯째, 기도하고 순종하는 기도자입니다.

> 사무엘이 이르되 여호와께서 번제와 다른 제사를 그의 목소리를 청
> 종하는 것을 좋아하심 같이 좋아하시겠나이까 순종이 제사보다 낫고
> 듣는 것이 숫양의 기름보다 나으니
>
> - 사무엘상 15:22

성경 본문에서는 "순종이 제사보다 낫고"라고 말씀하고 있습니다. 우리는 매 주일 하나님께 예배를 드리며 하나님께 사랑을 고백합니다. 그러나 하나님의 말씀대로 온전히 순종하며 살아가지 못하고 있습니다. 하나님은 우리에게 예배보다 하나님의 말씀대로 살아가기를 원하십니다. 기도 역시 기도만 하고 응답받기를 기다리지 말고 기도하는 대로 순종하라고 말씀하십니다. 즉 하나님의 뜻에 합한 기도자는 기도하고 순종하는 사람입니다.

기도와 관련된 성경말씀을 통하여 하나님의 뜻에 합한 기도자의 모습을 알아보았습니다. 즉 하나님의 뜻에 합한 기도자는 믿음, 회개, 용서, 감사, 끈질김, 열렬함, 순종하는 마음가짐과 자세를 가진 사람임을 알 수 있습니다. 다음 장에서 이러한 기도자의 마음가짐과 자세를 상세하게 알아보겠습니다.

기도자의 마음가짐과 자세 ❶ - 믿음

그러므로 내가 너희에게 말하노니 무엇이든지 기도하고 구하는 것은
받은 줄로 믿으라 그리하면 너희에게 그대로 되리라

- 마가복음 11:24

    기독교는 믿음으로 시작하여 믿음으로 끝나는 종교라 말할 수
있습니다. 그러면 우리가 믿는 믿음이란 무엇입니까? 무엇을 믿는
다는 말입니까? 우리는 믿음의 내용을 알고 믿어야 합니다. 먼저
성경에서 말하는 믿음에 대하여 알아보고 믿음과 기도와의 관계
를 알아보겠습니다.

1. 성경적인 믿음이란 무엇입니까?

믿음은 바라는 것들의 실상이요 보이지 않는 것들의 증거니

- 히브리서 11:1

믿음은 우리가 바라는 것들(소망)을 실제가 되게 하는 것(실상)이

고 볼 수 없는 것들(비가시적 존재)을 실제로 존재(실존)한다고 확증해 주는 것(증거)입니다. 비록 눈에 보이지 않는다 할지라도 믿음을 가진 사람은 하나님과 하나님의 말씀을 의지하고 순종합니다. 세상 사람들은 보이는 것만 믿지만 그리스도인은 보이지 않는 것을 믿습니다. 믿는 만큼 하나님의 축복을 받습니다.

2. 성경적 믿음에 대한 내용

일반적으로 성경적 믿음에 대한 내용은 하나님과 하나님께서 성경에 계시하신 모든 말씀을 믿는 것입니다. 그러나 믿음의 단어를 어떤 성경 본문에서 사용하느냐에 따라 믿음에 대한 내용은 다르게 나타냅니다. 즉 구원에 관련된 믿음의 내용과 기도에 관련된 믿음의 내용은 차이가 있습니다.

첫째, 구원에 관련된 믿음의 내용

> 내가 그리스도와 함께 십자가에 못 박혔나니 그런즉 이제는 내가 사는 것이 아니요 오직 내 안에 그리스도께서 사시는 것이라 이제 내가 육체 가운데 사는 것은 나를 사랑하사 나를 위하여 자기 자신을 버리신 하나님의 아들을 믿는 믿음 안에서 사는 것이라
>
> - 갈라디아서 2:20

성경 본문에서는 "하나님의 아들을 믿는 믿음"이라고 말씀하고 있습니다. 구원에 관련된 믿음은 구원을 얻는 유일한 방편으로 예수 그리스도를 구세주요 주님으로 믿는 것입니다. 예수 그리스도를 믿는 믿음을 통해 구원을 받습니다.

둘째, 기도에 관련된 믿음의 내용

> 그러므로 내가 너희에게 말하노니 무엇이든지 기도하고 구하는 것은
> 받은 줄로 믿으라 그리하면 너희에게 그대로 되리라
>
> - 마가복음 11:24

성경 본문에서는 "구하는 것은 받은 줄로 믿으라"라고 말씀하고 있습니다. 기도에 관련된 믿음은 우리의 기도를 들으시고 응답해주시는 하나님 그리고 약속의 말씀을 믿는 것입니다.

3. 기도와 관련된 믿음의 3가지 요소

기도와 관련된 믿음의 3가지 요소는 지적, 감정적, 의지적 요소이며 이 3가지가 균형 있게 이루어져야 참된 믿음입니다.

첫째, 지적 요소입니다. 하나님과 하나님의 약속의 말씀을 알고

믿어야 합니다.

> 주께서는 못 하실 일이 없사오며 무슨 계획이든지 못 이루실 것이 없
> 는 줄 아오니
>
> - 욥기 42:2

> 약속의 말씀은 이것이니 명년 이때에 내가 이르리니 사라에게 아들
> 이 있으리라 하심이라
>
> - 로마서 9:9

성경 본문에서는 "주께서 못 하실 일이 없사오며"라고 말씀하고 있습니다. 하나님은 전능하신 하나님이십니다. 전능하신 하나님을 믿어야 합니다. 성경 본문에서는 "약속의 말씀"이라고 하고 있습니다. 하나님의 약속의 말씀을 알고 믿어야 합니다. 무조건 덮어 놓고 믿는 것은 맹신입니다.

둘째, 감정적 요소입니다. 하나님과 그 약속의 말씀에 대한 동의와 확신을 가져야 합니다.

> 그가 백 세나 되어 자기 몸이 죽은 것 같고 사라의 태가 죽은 것 같음
> 을 알고도 믿음이 약하여지지 아니하고 믿음이 없어 하나님의 약속
> 을 의심하지 않고 믿음으로 견고하여져서 하나님께 영광을 돌리며

약속하신 그것을 또한 능히 이루실 줄을 확신하였으니

- 로마서 4:19-21

성경 본문에서는 "약속하신 그것을 또한 능히 이루실 줄 확신하였으니"라고 말씀하고 있습니다. 아브라함은 하나님께서 약속하신 것을 능히 이루어주시리라고 동의와 확신을 가졌습니다. 이성을 잃고 무비판적으로 믿는 것은 광신입니다.

셋째, 의지적 요소입니다. 하나님과 그 약속의 말씀에 의지하고 행하여야 합니다.

네가 보거니와 믿음이 그의 행함과 함께 일하고 행함으로 믿음이 온전하게 되었느니라

- 야고보서 2:22

성경에서는 "행함으로 믿음이 온전하게 되었느니라"라고 말씀하고 있습니다. 행함으로 믿음이 온전하게 됩니다. 행함 없는 믿음은 죽은 것입니다. 믿는다고 하면서 행동을 취하지 않는 것은 믿는 것이 아닙니다. 우리가 믿는다면 행하여야 합니다.

4. 믿음의 선진들

노아

> 믿음으로 노아는 아직 보이지 않는 일에 경고하심을 받아 경외함으
> 로 방주를 준비하여 그 집을 구원하였으니 이로 말미암아 세상을 정
> 죄하고 믿음을 따르는 의의 상속자가 되었느니라
>
> - 히브리서 11:7

성경 본문에서는 "믿음으로 노아"라고 말씀하고 있습니다. 노아
는 하나님께서 아직 보이지 않는 일에 대해서 경고하셨을 때 그 말
씀을 경외한 마음으로 받아들이고 방주를 준비해서 자기 가족을
구했습니다.

아브라함

> 믿음으로 아브라함은 부르심을 받았을 때에 순종하여 장래의 유업으
> 로 받을 땅에 나아갈새 갈 바를 알지 못하고 나아갔으며
>
> - 히브리서 11:8

성경 본문에서는 "믿음으로 아브라함"이라고 말씀하고 있습니다.
아브라함은 하나님께서 그를 불러 장차 그의 몫으로 물려주실 땅

을 향하여 떠나라고 하실 때 믿음이 있었기 때문에 순종했습니다. 믿음으로 그는 자기가 가는 곳이 어떤 곳인지도 모르고 떠났던 것입니다.

사라

> 믿음으로 사라 자신도 나이가 많아 단산하였으나 잉태할 수 있는 힘을 얻었으니 이는 약속하신 이를 미쁘신 줄 알았음이라
>
> - 히브리서 11:11

성경 본문에서는 "믿음으로 사라"라고 말씀하고 있습니다. 사라는 나이가 많아 단산하였으나 믿음이 있었기 때문에 아이를 가질 수 있는 능력을 받았습니다. 사라는 약속해 주신 분을 진실한 분으로 믿었던 것입니다.

라합

> 믿음으로 기생 라합은 정탐꾼을 평안히 영접하였으므로 순종하지 아니한 자와 함께 멸망하지 아니하였도다
>
> - 히브리서 11:31

성경 본문에서는 "믿음으로 기생 라합"이라고 말씀하고 있습니

다. 기생 라합은 믿음으로 정탐꾼을 자기편처럼 도와주어 하나님을 순종하지 아니한 자와 함께 멸망을 같이 당하지 않았습니다.

백부장

> 예수께서 가버나움에 들어가시니 한 백부장이 나아와 간구하여 이르되 주여 내 하인이 중풍병으로 집에 누워 몹시 괴로워하나이다 이르시되 내가 가서 고쳐 주리라 백부장이 대답하여 이르되 주여 내 집에 들어오심을 나는 감당하지 못하겠사오니 다만 말씀으로만 하옵소서 그러면 내 하인이 낫겠사옵나이다 나도 남의 수하에 있는 사람이요 내 아래에도 군사가 있으니 이더러 가라 하면 가고 저더러 오라 하면 오고 내 종더러 이것을 하라 하면 하나이다 예수께서 들으시고 놀랍게 여겨 따르는 자들에게 이르시되 내가 진실로 너희에게 이르노니 이스라엘 중 아무에게서도 이만한 믿음을 보지 못하였노라
>
> - 마태복음 8:5-10

백부장은 예수님의 말씀 한마디면 하인의 질병이 치료될 것이라는 굳은 믿음이 있었습니다. 성경 본문에서는 "다만 말씀으로만 하옵소서 그러면 내 하인이 낫겠사옵나이다"라고 말씀하고 있습니다. 현재 눈앞에서 이루어지지 않았지만 구하는 것이 바라는 대로 이루질 것이라고 믿었습니다.

5. 믿음과 기도의 관계

첫째, 믿음은 기도 응답의 출발점입니다.

> 너희 중에 누구든지 지혜가 부족하거든 모든 사람에게 후히 주시고
> 꾸짖지 아니하시는 하나님께 구하라 그리하면 주시리라 오직 믿음으
> 로 구하고 조금도 의심하지 말라 의심하는 자는 마치 바람에 밀려 요
> 동하는 바다 물결 같으니 이런 사람은 무엇이든지 주께 얻기를 생각
> 하지 말라
>
> - 야고보서 1:5-7

성경 본문에서는 "오직 믿음으로 구하고 조금도 의심하지 말라"
라고 말씀하고 있습니다. 믿음은 기도 응답의 출발점입니다. 기도
했으면 응답이 있을 것을 믿어야 합니다.

> 그러므로 내가 너희에게 말하노니 무엇이든지 기도하고 구하는 것은
> 받은 줄로 믿으라 그리하면 너희에게 그대로 되리라
>
> - 마가복음 11:24

우리가 무엇을 구할 때 우리가 구한 것을 하나님께서 들으셨다
는 확신을 갖는 것이 믿음입니다. 성경 본문에서는 "구하는 것은
받은 줄로 믿으라"라고 말씀하고 있습니다. 구한 것을 받은 줄로

믿어야 합니다. 믿는 만큼 하나님의 축복을 받습니다.

> 우리가 무엇이든지 구하는 바를 들으시는 줄을 안즉 우리가 그에게
> 구한 그것을 얻은 줄을 또한 아느니라
>
> - 요한일서 5:15

성경 본문에서는 "우리가 그에게 구한 그것을 얻은 줄을 또한 아느니라"라고 말씀하고 있습니다. 하나님의 말씀과 약속을 능히 이루실 수 있는 하나님을 신뢰하고 지금 이루어 주실 것을 기대하는 것입니다. 우리가 믿음 없이 기도하는 것은 무의미한 일입니다.

둘째, 하나님을 믿는 믿음은 기도 응답을 믿는 믿음보다 더 중요합니다. 또한 기도 응답을 믿는 믿음은 하나님을 믿는 믿음에 비례합니다.

> 예수께서 그들에게 대답하여 이르시되 하나님을 믿으라 내가 진실로
> 너희에게 이르노니 누구든지 이 산더러 들리어 바다에 던져지라 하
> 며 그 말하는 것이 이루어질 줄 믿고 마음에 의심하지 아니하면 그대
> 로 되리라 그러므로 내가 너희에게 말하노니 무엇이든지 기도하고 구
> 하는 것은 받은 줄로 믿으라 그리하면 너희에게 그대로 되리라
>
> - 마가복음 11:22-24

성경 본문에서는 "하나님을 믿으라", "무엇이든지 기도하고 구하는 것은 받은 줄로 믿으라"라고 말씀하고 있습니다. 하나님을 믿는 믿음이 기도의 응답을 믿는 믿음보다 더 중요합니다. 그러므로 우리는 하나님을 먼저 믿어야 합니다. 그리고 응답을 믿는 믿음은 약속하신 하나님을 믿는 믿음에 비례합니다. 하나님을 믿는 믿음이 크면 클수록 기도 응답을 믿는 믿음이 더 커집니다. 우리의 믿음의 중심을 기도 응답보다 하나님께 두어야 합니다.

기도자의 마음가짐과 자세 ❷ – 회개

만일 우리가 우리 죄를 자백하면 그는 미쁘시고 의로우사 우리 죄를
사하시며 우리를 모든 불의에서 깨끗하게 하실 것이요

- 요한일서 1:9

1. 죄는 기도의 길을 막습니다

여호와의 손이 짧아 구원하지 못하심도 아니요 귀가 둔하여 듣지 못
하심도 아니라 오직 너희 죄악이 너희와 너희 하나님 사이를 갈라 놓
았고 너희 죄가 그의 얼굴을 가리어서 너희에게서 듣지 않으시게 함
이니라

- 이사야 59:1-2

내가 나의 마음에 죄악을 품었더라면 주께서 듣지 아니하시리라

- 시편 66:18

죄는 기도의 길을 막습니다. 성경 본문에서는 "여호와의 손이 짧

아 구원하지 못하심도 아니요 귀가 둔하여 듣지 못하심도 아니라"
라고 말씀하고 있습니다. 하나님이 우리의 기도를 들어 주지 않는
것은 하나님이 능력이 없어서도 아니고 듣지 못해서도 아닙니다.
성경 본문에서는 "죄악을 품었더라면 주께서 듣지 아니하시리라"라
고 말씀하고 있습니다. 우리의 죄가 기도의 길을 막고 있기 때문입
니다. 따라서 우리의 마음에 죄악을 품고 있는 한 하나님께서는
우리의 기도를 듣지 않으실 것입니다.

> 만일 우리가 죄가 없다고 말하면 스스로 속이고 또 진리가 우리 속에
> 있지 아니할 것이요
>
> - 요한일서 1:8

　성경 본문에서는 "우리가 죄가 없다고 말하면 스스로 속이고"라
고 말씀하고 있습니다. 인간은 누구나 죄를 가지고 태어났습니다.
즉 원죄(原罪)입니다. 하나님의 자녀인 우리는 예수 그리스도의 대
속으로 원죄의 문제는 해결되었습니다. 그러나 죄성의 문제는 완전
히 해결되지 않아 우리는 매일 스스로 죄를 짓고 있습니다. 즉 자
범죄(自犯罪)입니다.

> 너희가 손을 펼 때에 내가 내 눈을 너희에게서 가리고 너희가 많이 기
> 도할지라도 내가 듣지 아니하리니 이는 너희의 손에 피가 가득함이라
>
> - 이사야 1:15

성경 본문에서는 "너희가 많이 기도할지라도 내가 듣지 아니하리니 이는 너희의 손에 피가 가득함이라"라고 말씀하고 있습니다. 즉 우리의 죄 때문에 하나님은 눈을 가리고 듣지 않겠다고 하십니다. 인간관계에서도 상대방에게 잘못한 일이 있으면 상대방을 쳐다보기도 어렵고 상대방과 이야기하는 것도 불편합니다. 하나님과 우리의 관계도 동일합니다. 죄를 가지고 어떻게 하나님을 쳐다 볼 수 있겠습니까?

2. 기도의 길을 막는 죄를 제거하는 방법은 회개뿐입니다

하나님과 만날 때 가장 우선적으로 해결해야 할 과제는 죄를 회개하는 것입니다. 죄를 가지고는 하나님과 만날 수 없습니다.

> 만일 우리가 우리 죄를 자백하면 그는 미쁘시고 의로우사 우리 죄를 사하시며 우리를 모든 불의에서 깨끗하게 하실 것이요
>
> - 요한일서 1:9

성경 본문에서는 "우리 죄를 자백하면 그는 미쁘시고 의로우사 우리 죄를 사하시며"라고 말씀하고 있습니다. 하나님은 우리가 회개할 때 우리의 죄를 용서해 주십니다. 우리가 아무리 열정적으로 기도한다 할지라도 회개하지 않는 죄가 남아 있는 한 우리의 기도

는 하나님께 상달되지 않습니다. 우리가 죄를 자백하고 용서받을 때 하나님과 우리 사이에 막혀 있던 장애물이 제거되고 기도가 회복됩니다.

3. 회개란 무엇입니까?

첫째, 회개(悔改)의 일반적인 의미는 자신의 잘못을 뉘우치고 고치는 것입니다. 성경적인 회개는 하나님과 하나님의 뜻에서 어긋나게 살았던 사람이 자기의 죄를 통회 자복하고 죄의 길을 떠나 하나님께로 돌아가는 행위를 말합니다.

둘째, 회개의 종류는 단 한 번만 하는 회개와 되풀이하는 회개가 있습니다. 단 한 번만 하는 회개는 원죄에 대한 회개 즉 죄인의 길을 떠나 하나님을 향한 회개로서 새로운 신분의 변화(하나님의 자녀, 하나님의 백성)와 새로운 내적 변화(새 생명), 새로운 삶(새로운 피조물)을 얻을 수 있습니다. 되풀이하는 회개는 자범죄(스스로 짓은 죄)에 대한 회개로서 죄악을 통회자복하고 죄에서 떠나는 것으로, 회개를 통하여 하나님과의 교제가 회복되고 성령 충만한 삶을 살아갈 수 있습니다.

셋째, 회개는 3가지 요소로 구성되어 있습니다. 지적, 감정적, 의

지적 요소로 구성되어 있으며 이 3가지가 균형적으로 이루어진 회개가 진정한 회개입니다.

회개의 3가지 요소를 돌아온 탕자의 사례를 통하여 구체적으로 알아보겠습니다.

> 또 이르시되 어떤 사람에게 두 아들이 있는데 그 둘째가 아버지에게 말하되 아버지여 재산 중에서 내게 돌아올 분깃을 내게 주소서 하는지라 아버지가 그 살림을 각각 나눠 주었더니 그 후 며칠이 안 되어 둘째 아들이 재물을 다 모아 가지고 먼 나라에 가 거기서 허랑방탕하여 그 재산을 낭비하더니 다 없앤 후 그 나라에 크게 흉년이 들어 그가 비로소 궁핍한지라 가서 그 나라 백성 중 한 사람에게 붙여 사니 그가 그를 들로 보내어 돼지를 치게 하였는데 그가 돼지 먹는 쥐엄 열매로 배를 채우고자 하되 주는 자가 없는지라 이에 스스로 돌이켜 이르되 내 아버지에게는 양식이 풍족한 품꾼이 얼마나 많은가 나는 여기서 주려 죽는구나 내가 일어나 아버지께 가서 이르기를 아버지 내가 하늘과 아버지께 죄를 지었사오니 지금부터는 아버지의 아들이라 일컬음을 감당하지 못하겠나이다 나를 품꾼의 하나로 보소서 하리라 하고 이에 일어나서 아버지께로 돌아가니라 아직도 거리가 먼데 아버지가 그를 보고 측은히 여겨 달려가 목을 안고 입을 맞추니
>
> - 누가복음 15:11-20

① 지적 요소

> 그러므로 율법의 행위로 그의 앞에 의롭다 하심을 얻을 육체가 없나
> 니 율법으로는 죄를 깨달음이니라
>
> - 로마서 3:20

성경 본문에서는 "죄를 깨달음이니라"라고 말씀하고 있습니다. 회개의 지적 요소는 죄를 짓고 있는 자기 자신의 상태를 아는 것입니다.

돌아온 탕자 사례

> 이에 스스로 돌이켜 이르되 내 아버지에게는 양식이 풍족한 품꾼이
> 얼마나 많은가 나는 여기서 주려 죽는구나
>
> - 누가복음 15:17

성경 본문에서는 "스스로 돌이켜"라고 말씀하고 있습니다. 재산을 탕진한 탕자는 허랑방탕하며 재산을 낭비한 과거의 생활에 대한 자기 잘못을 알았습니다.

② 감정적 요소

> 지금은 기뻐합니다. 그것은 여러분이 아픔을 당했기 때문이 아니라,
> 아픔을 당함으로써 회개에 이르게 되었기 때문입니다. 여러분이 하나
> 님의 뜻에 맞게 아파하였으니, 결국 여러분은 우리로 말미암아 손해
> 를 본 것은 없습니다. 하나님의 뜻에 맞게 마음 아파하는 것은, 회개
> 를 하게 하여 구원에 이르게 하므로, 후회할 것이 없습니다. 그러나
> 세상 일로 마음 아파하는 것은 죽음에 이르게 합니다.
>
> - 새 번역 성경 고린도후서 7:9-10

성경 본문에서는 "아픔을 당함으로써 회개에 이르게 되었기 때
문입니다"라고 말씀하고 있습니다. 회개의 감정적 요소는 죄에 대
하여 마음 아파하는 것입니다. 즉 죄에 대해 애통하는 심령입니다.

돌아온 탕자 사례

> 내가 일어나 아버지께 가서 이르기를 아버지 내가 하늘과 아버지께
> 죄를 지었사오니
>
> - 누가복음 15:18

성경 본문에서는 "내가 아버지께 죄를 지었사오니"라고 말씀하고
있습니다. 재산을 탕진한 탕자는 자기 잘못을 깨닫고 하늘과 아버

지게 죄를 지었다고 마음으로 시인하고 슬퍼했습니다.

③ 의지적 요소

> 주 여호와의 말씀이니라 이스라엘 족속아 내가 너희 각 사람이 행한
> 대로 심판할지라 너희는 돌이켜 회개하고 모든 죄에서 떠날지어다 그
> 리한즉 그것이 너희에게 죄악의 걸림돌이 되지 아니하리라
>
> - 에스겔 18:30

성경 본문에서는 "너희는 돌이켜 회개하고 모든 죄에서 떠날지어다"라고 말씀하고 있습니다. 의지적인 회개는 죄와의 관계를 끊고 죄의 길에서 돌아서는 것입니다.

돌아온 탕자 사례

> 이에 일어나서 아버지께로 돌아가니라 아직도 거리가 먼데 아버지가
> 그를 보고 측은히 여겨 달려가 목을 안고 입을 맞추니
>
> - 누가복음 15:20

성경 본문에서는 "이에 일어나서 아버지께로 돌아가니라"라고 말씀하고 있습니다. 재산을 탕진한 탕자는 자기 잘못을 깨닫고 마음으로 시인하고 현재의 삶을 정리하고 아버지 집으로 돌아갔습니다.

회개는 죄를 짓고 있는 자기 자신의 상태를 아는 것에 멈추거나 죄에 대해 애통하는 것에 멈추어서는 안 됩니다. 죄를 짓고 있는 자기 자신의 상태도 모르고 마음으로도 시인하지도 않고 계속적으로 죄와의 관계를 유지하면서 말로만 회개하는 것은 안 됩니다. 회개는 자기 자신의 죄를 알고 마음으로 슬퍼하며 그 죄와의 관계를 끊고 죄의 길에서 돌아서는 지정의 요소가 다 이루어지는 인격적인 회개가 되어야 합니다.

4. 어떻게 해야 인격적인 회개를 할 수 있을까요?

첫째, 먼저 회개할 내용에 대하여 구체적으로 알아야 합니다.

> 너는 일깨어 그 남은 바 죽게 된 것을 굳건하게 하라 내 하나님 앞에 네 행위의 온전한 것을 찾지 못하였노니 그러므로 네가 어떻게 받았으며 어떻게 들었는지 생각하고 지켜 회개하라 만일 일깨지 아니하면 내가 도둑 같이 이르리니 어느 때에 네게 이를는지 네가 알지 못하리라
>
> - 요한계시록 3:2-3

성경 본문에서는 "네가 어떻게 받았으며, 어떻게 들었는지 생각하고 회개하라"라고 말씀하고 있습니다. 회개하기 위해서는 회개할 내용에 대하여 구체적으로 알아야 합니다. 회개할 내용도 모르면서 어

떻게 회개하겠습니까? '5W 1H' 언제, 어디서, 무엇을, 누구에게, 어떻게, 왜를 적용하여 회개할 내용을 정리할 때 회개를 시작할 수 있습니다. 그리고 이와 같은 구체적인 회개 내용을 가지고 하나님께 회개 기도를 드릴 때 우리의 죄를 용서해 주십니다.

둘째, 하나님의 말씀을 읽고 듣고 묵상해야 합니다.

> 모든 성경은 하나님의 감동으로 된 것으로 교훈과 책망과 바르게 함과 의로 교육하기에 유익하니
>
> - 디모데후서 3:16

성경 본문에서는 "성경은 (…) 교훈과 책망과 바르게 함과 의로 교육하기에 유익하니"라고 말씀하고 있습니다. 회개하길 진정 원한다면 성경을 읽거나 성경을 적용하는 신앙 서적을 읽기 바랍니다. 그리고 성경 말씀을 전하는 설교를 경청하기 바랍니다. 성경말씀을 묵상하십시오. 성경 말씀은 하나님의 감동으로 된 것으로 우리들의 영혼을 찔러 죄를 깨닫게 하고 회개의 길로 인도할 것입니다.

셋째, 회개의 기도를 해야 합니다.

> 그러므로 너의 이 악함을 회개하고 주께 기도하라 혹 마음에 품은 것을 사하여 주시리라
>
> - 사도행전 8:22

성경 본문에서는 "이 악함을 회개하고 주께 기도하라"라고 말씀하고 있습니다. 잘못된 삶을 살았음을 고백하고 슬퍼하고 지은 모든 죄를 용서해 달라고 기도해야 합니다. 삶을 실제적으로 변화시켜달라고 구하고 하나님께로 향하여 달려갈 수 있도록 인도해 달라 구하여야 합니다. 세상의 유혹과 육체의 정욕과 사탄마귀의 미혹으로부터 지켜 보호해 주실 것을 기도해야 합니다.

넷째, 죄에서 떠나야 합니다.

> 그러므로 회개에 합당한 열매를 맺고
>
> - 마태복음 3:8

공동번역 성경은 "너희는 회개했다는 증거를 행실로써 보여라"라고 번역하였습니다. 즉 모든 죄에서 즉각 떠나 다시는 그 길로 가지 말아야 합니다. 그리고 누군가에게 잘못을 했다면 잘못을 행동으로 용서를 구하여야 합니다.

> 삭개오가 서서 주께 여짜오되 주여 보시옵소서 내 소유의 절반을 가
> 난한 자들에게 주겠사오며 만일 누구의 것을 속여 빼앗은 일이 있으
> 면 네 갑절이나 갚겠나이다
>
> - 누가복음 19:8

성경 본문에서는 "만일 누구의 것을 빼앗은 일이 있으면 네 갑절이나 갚겠나이다"라고 말씀하고 있습니다. 삭개오는 자기의 잘못을 행동으로 용서를 구하였습니다.

다섯째, 지금 즉시 회개하여야 합니다.

> 그들이 이 말을 듣고 마음에 찔려 베드로와 다른 사도들에게 물어 이르되 형제들아 우리가 어찌할꼬 하거늘 베드로가 이르되 너희가 회개하여 각각 예수 그리스도의 이름으로 침례를 받고 죄 사함을 받으라 그리하면 성령의 선물을 받으리니 이 약속은 너희와 너희 자녀와 모든 먼 데 사람 곧 주 우리 하나님이 얼마든지 부르시는 자들에게 하신 것이라 하고 또 여러 말로 확증하며 권하여 이르되 너희가 이 패역한 세대에서 구원을 받으라 하니 그 말을 받은 사람들은 침례를 받으매 이 날에 신도의 수가 삼천이나 더하더라
>
> - 사도행전 2:37-41

베드로의 설교를 듣고 마음에 찔려 "우리가 어찌할꼬" 자기 잘못을 깨닫고 즉시 회개하였습니다. 우리가 잘못한 죄를 짓고 깨달았다면 즉시 회개하여야 합니다. 오늘 회개하지 않으면 내일도 못할 것이며 앞으로도 계속 못할 것입니다. 지금 이 순간 이곳에서 바로 회개하십시오.

기도자의 마음가짐과 자세 ❸ – 용서

서서 기도할 때에 아무에게나 혐의가 있거든 용서하라 그리하여야 하
늘에 계신 너희 아버지께서도 너희 허물을 사하여 주시리라 하시니라

- 마가복음 11:25

1. 용서란 무엇입니까?

첫째, 간과(看過)하는 것입니다.

이 예수를 하나님이 그의 피로써 믿음으로 말미암는 화목제물로 세
우셨으니 이는 하나님께서 길이 참으시는 중에 전에 지은 죄를 간과
하심으로 자기의 의로우심을 나타내려 하심이니

- 로마서 3:25

성경 본문에서는 "지은 죄를 간과하심으로"라고 말씀하고 있습
니다. 헬라어 파레시스로서 벌하지 않고 내버려 둠을 의미합니다.

둘째, 탕감(蕩減)하는 것입니다.

이르시되 빚 주는 사람에게 빚진 자가 둘이 있어 하나는 오백 데나리

온을 졌고 하나는 오십 데나리온을 졌는데 갚을 것이 없으므로 둘 다

탕감하여 주었으니 둘 중에 누가 그를 더 사랑하겠느냐

- 누가복음 7:41-42

성경 본문에서는 "탕감하여 주었으니"라고 말씀하고 있습니다. 헬라어 카리조마이로서 '값 없이 주다', '은혜를 베풀다'를 의미합니다. 빚진 자의 빚을 완전히 없애 주는 것이며 빚에 대한 책임에서 해방시켜 주는 것입니다.

셋째, 회복(回復)하는 것입니다.

만군의 하나님 여호와여 주의 백성의 기도에 대하여 어느 때까지

노하시리이까 주께서 그들에게 눈물의 양식을 먹이시며 많은 눈물

을 마시게 하셨나이다 우리를 우리 이웃에게 다툼 거리가 되게 하

시니 우리 원수들이 서로 비웃나이다 만군의 하나님이여 우리를

회복하여 주시고 주의 얼굴의 광채를 비추사 우리가 구원을 얻게

하소서

- 시편 80:4-7

성경 본문에서는 "우리를 회복하여 주시고"라고 말씀하고 있습니다. 히브리어 슈브로서 악에서 돌아서는 것과 선으로 돌아가는 것

을 의미합니다. 즉 죄로 인하여 하나님과의 관계가 단절된 것을 다시 회복시켜 주는 것입니다.

2. 용서받기와 용서하기의 관계

첫째, 용서받는 자는 남을 용서해야 합니다. 용서의 은혜를 받은 자는 마땅히 하나님이 그리스도 안에서 우리를 용서하신 것처럼 서로 불쌍히 여기며 용서할 수 있어야 합니다.

> 서로 친절하게 하며 불쌍히 여기며 서로 용서하기를 하나님이 그리스
> 도 안에서 너희를 용서하심과 같이 하라
>
> - 에베소서 4:32

둘째, 남을 용서하지 않으면 용서받을 수 없습니다.

> 너희가 사람의 잘못을 용서하면 너희 하늘 아버지께서도 너희 잘못
> 을 용서하시려니와 너희가 사람의 잘못을 용서하지 아니하면 너희 아
> 버지께서도 너희 잘못을 용서하지 아니하시리라
>
> - 마태복음6:14-15

3. 용서와 기도의 관계

> 서서 기도할 때에 아무에게나 혐의가 있거든 용서하라 그리하여야 하
> 늘에 계신 너희 아버지께서도 너희 허물을 사하여 주시리라 하시니라
>
> - 마가복음 11:25

성경 본문에서는 "서서 기도할 때에 아무에게나 혐의가 있거든 용서하라 그리하여야 하늘에 계신 너희 아버지께서도 너희 허물을 사하여 주시리라"라고 말씀하고 있습니다. 본문 말씀은 하나님께 죄를 용서받기 위해서는 먼저 다른 사람의 용서를 해주어야 한다는 점과 기도하기 전에 다른 사람과의 관계를 먼저 해결해야 한다는 점을 강조하고 있습니다. 인간관계가 막혀 있으면 하나님과의 관계도 막히게 된다는 말입니다. 하나님과의 관계가 막혀 있는데 어찌 하나님이 우리의 기도에 응답하실 수 있겠습니까? 즉 다른 사람의 용서하기는 하나님께 용서받기의 선행조건이며 기도의 선행조건입니다.

4. 용서하는 방법

첫째, 용서는 그리스도인의 본분입니다.

> 서로 친절하게 하며 불쌍히 여기며 서로 용서하기를 하나님이 그리스
> 도 안에서 너희를 용서하심과 같이 하라
>
> - 에베소서 4:32

성경 본문에서는 "하나님이 그리스도 안에서 너희를 용서하심과
같이 하라"라고 말씀하고 있습니다. 우리가 하나님의 은혜로 용서
를 받은 것과 같이 우리도 다른 사람들을 용서해 주어야 합니다.

다음은 성경 속에서 만 달란트를 빚진 자와 백 데나리온을 빚진
자의 사례를 통하여 구체적으로 알아보겠습니다.

> 그러므로 천국은 그 종들과 결산하려 하던 어떤 임금과 같으니 결산
> 할 때에 만달란트 빚진 자 하나를 데려오매 갚을 것이 없는지라 주인
> 이 명하여 그 몸과 아내와 자식들과 모든 소유를 다 팔아 갚게 하라
> 하니 그 종이 엎드려 절하며 이르되 내게 참으소서 다 갚으리이다 하
> 거늘 그 종의 주인이 불쌍히 여겨 놓아 보내며 그 빚을 탕감하여 주었
> 더니 그 종이 나가서 자기에게 백 데나리온 빚진 동료 한 사람을 만나
> 붙들어 목을 잡고 이르되 빚을 갚으라 하매 그 동료가 엎드려 간구하
> 여 이르되 나에게 참아 주소서 갚으리이다 하되 허락하지 아니하고
> 이에 가서 그가 빚을 갚도록 옥에 가두거늘 그 동료들이 그것을 보고
> 몹시 딱하게 여겨 주인에게 가서 그 일을 다 알리니 이에 주인이 그를
> 불러다가 말하되 악한 종아 네가 빌기에 내가 네 빚을 전부 탕감하여

주었거늘 내가 너를 불쌍히 여김과 같이 너도 네 동료를 불쌍히 여김
이 마땅하지 아니하냐 하고 주인이 노하여 그 빚을 다 갚도록 그를 옥
졸들에게 넘기니라

- 마태복음 18:23-34

주인이 만 달란트 빚진 자에게 빚 변제를 요구하자 만 달란트 빚
진 자는 주인에게 빚 변제 연장을 부탁하였으며 주인은 만 달란트
빚진 자를 불쌍히 여겨 빚 전액을 탕감해 주었습니다. 한편 만 달
란트 빚진 자에게 백 데나리온 빚진 자가 있었습니다. 만 달란트
빚진 자가 백 데나리온 빚진 자에게 빚 변제를 요구하자 백 데나
리온 빚진 자 또한 빚 변제 연장을 부탁하였으나 만 달란트 빚진
자는 이를 무시하고 빚을 변제하도록 옥에 가두었습니다. 이 소식
을 전해 들은 주인은 만 달란트 빚진 자를 호출하여 꾸짖으며 노
하여 옥졸에 가두었습니다. 하나님은 우리들을 불쌍히 여겨 하나
님의 무한하신 자비하심으로 우리들의 죄를 그리스도 안에서 다
용서해 주었습니다. 그러나 우리는 우리 자신에게 잘못한 사람들
에 대하여 극히 작은 죄도 용서하지 않습니다. 우리 자신에게 작
은 잘못을 한 사람들을 용서하지 않으면 하나님은 우리들을 용서
한 것을 무효화시키십니다. 우리는 하나님에게 은혜받은 대로 우
리도 다른 사람들을 용서해 주어야 합니다.

둘째, 용서는 즉시 하여야 합니다.

> 서서 기도할 때에 아무에게나 혐의가 있거든 용서하라 그리하여야 하
> 늘에 계신 너희 아버지께서도 너희 허물을 사하여 주시리라 하시니라
>
> - 마가복음 11:25

성경 본문에서는 "서서 기도할 때 아무에게나 혐의가 있거든 용서하라"라고 말씀하고 있습니다. 즉 상대방의 잘못을 즉시 용서하기를 명령하십니다. 용서하지 않으면 우리들도 용서받을 수 없습니다.

셋째, 용서는 제한 없이 하여야 합니다.

> 그때에 베드로가 나아와 이르되 주여 형제가 내게 죄를 범하면 몇 번
> 이나 용서하여 주리이까 일곱 번까지 하오리이까 예수께서 이르시되
> 네게 이르노니 일곱 번뿐 아니라 일곱 번을 일흔 번까지라도 할지
> 니라
>
> - 마태복음 18:21-22

성경 본문에서는 "일곱 번을 일흔 번까지라도 할지니라"라고 말씀하고 있습니다. 490번을 용서해주라는 말씀입니다. 490이라는 숫자는 '완성 또는 최종적인 회복'을 의미합니다. 죄에 대한 무한한 용서, 즉 완전한 용서를 하여야 합니다.

넷째, 용서한 후에는 상대방의 잘못을 다시 기억하지 않아야 합니다.

> 또 그들의 죄와 그들의 불법을 내가 다시 기억하지 아니하리라 하셨
> 으니
>
> - 히브리서 10:17

성경 본문에서는 "다시 기억하지 아니하리라"라고 말씀하고 있습니다. 우리를 용서하신 하나님은 우리의 죄를 기억하지 않습니다. 우리도 상대방을 용서했다면 상대방의 잘못을 우리의 기억 속에서 완전히 제거해야 합니다.

다섯째, 용서할 수 있는 은혜를 구하는 기도를 하여야 합니다.

> 우리가 우리에게 죄 지은 자를 사하여 준 것 같이 우리 죄를 사하여
> 주시옵고
>
> - 마태복음 6:12

우리의 용서는 하나님께서 우리를 용서하신 것의 결과이므로 우리는 매일 매일 하나님의 용서의 은혜를 생각하며 다른 사람을 용서할 수 있는 은혜를 구하여야 합니다.

기도자의 마음가짐과 자세 ❹ – 감사

> 아무 것도 염려하지 말고 다만 모든 일에 기도와 간구로, 너희 구할 것
> 을 감사함으로 하나님께 아뢰라 그리하면 모든 지각에 뛰어난 하나님
> 의 평강이 그리스도 예수 안에서 너희 마음과 생각을 지키시리라
>
> - 빌립보서 4:6-7

감사는 고마움에 대한 감정을 나타내는 말이나 행위를 말합니
다. 감사는 그리스도인과는 불가분의 관계입니다. 하나님의 은혜
로 살아가는 우리는 순간순간마다 하나님께 감사의 기도를 드려
야 합니다.

1. 감사와 그리스도인과의 관계

첫째, 감사는 구원받은 성도들의 근본적인 태도입니다.

> 항상 기뻐하라 쉬지 말고 기도하라 범사에 감사하라 이것이 그리스도
> 예수 안에서 너희를 향하신 하나님의 뜻이니라
>
> - 데살로니가전서 5:16-18

성경 본문에서는 "범사에 감사하라 (…) 하나님의 뜻이니라"라고 말씀하고 있습니다. 구원받은 우리는 언제 어디서 무엇을 하든지 하나님께 감사하여야 합니다. 그 이유는 우리를 향하신 하나님의 뜻이기 때문입니다.

둘째, 감사는 참신앙의 바로미터입니다.

하나님을 알되 하나님을 영화롭게도 아니하며 감사하지도 아니하고
오히려 그 생각이 허망하여지며 미련한 마음이 어두워졌나니

- 로마서 1:21

성경 본문에서는 "하나님을 알되 하나님을 영화롭게도 아니하며 감사하지도 아니하고"라고 말씀하고 있습니다. 하나님께 감사하는 것은 신앙 상태를 나타내는 바로미터입니다. 하나님의 은혜에 감사합니까? 하나님께 감사하며 신앙생활을 한다면 건강한 신앙이라 할 수 있습니다.

셋째, 감사는 하나님 은혜에 대한 보답입니다.

예수께서 예루살렘으로 가실 때에 사마리아와 갈릴리 사이로 지나가
시다가 한 마을에 들어가시니 나병환자 열 명이 예수를 만나 멀리 서
서 소리를 높여 이르되 예수 선생님이여 우리를 불쌍히 여기소서 하

거늘 보시고 이르시되 가서 제사장들에게 너희 몸을 보이라 하셨더니 그들이 가다가 깨끗함을 받은지라 그 중의 한 사람이 자기가 나은 것을 보고 큰 소리로 하나님께 영광을 돌리며 돌아와 예수의 발 아래에 엎드리어 감사하니 그는 사마리아 사람이라 예수께서 대답하여 이르시되 열 사람이 다 깨끗함을 받지 아니하였느냐 그 아홉은 어디 있느냐 이 이방인 외에는 하나님께 영광을 돌리러 돌아온 자가 없느냐 하시고 그에게 이르시되 일어나 가라 네 믿음이 너를 구원하였느니라 하시더라

- 누가복음 17:11-19

성경 본문에서는 "자기가 나은 것을 보고 큰 소리로 하나님께 영광을 돌리며 돌아와 예수의 발아래에 엎드리어 감사하니"라고 말씀하고 있습니다. 감사는 주어진 은혜에 대한 보답이며 하나님께 영광을 돌리는 방법입니다.

2. 감사와 기도와의 관계

하나님께 감사의 마음을 구체적으로 표현하는 것이 감사의 기도입니다. 감사의 기도는 하나님께 영광을 돌려 드리는 방법이요 하나님께 풍성한 축복을 받는 통로입니다.

첫째, 감사 기도의 중요성

> 아무 것도 염려하지 말고 다만 모든 일에 기도와 간구로, 너희 구할 것
> 을 감사함으로 하나님께 아뢰라 그리하면 모든 지각에 뛰어난 하나님
> 의 평강이 그리스도 예수 안에서 너희 마음과 생각을 지키시리라
>
> - 빌립보서 4:6-7

성경 본문에서는 "구할 것을 감사함으로 하나님께 아뢰라"라고 말씀
하고 있습니다. 간구와 감사는 동전의 양면이라는 것입니다. 우리의
필요한 것을 공급해 주심에 감사하며 또한 공급해 주실 것에 미리 감
사할 때 하나님은 우리에게 더 많은 것을 축복해 주실 것입니다.

둘째, 예수님의 감사 기도

> 돌을 옮겨 놓으니 예수께서 눈을 들어 우러러 보시고 이르시되 아버
> 지여 내 말을 들으신 것을 감사하나이다
>
> - 요한복음 11:41

> 그때에 예수께서 대답하여 이르시되 천지의 주재이신 아버지여 이것
> 을 지혜롭고 슬기 있는 자들에게는 숨기시고 어린 아이들에게는 나
> 타내심을 감사하나이다
>
> - 마태복음 11:25

성경 본문에서는 "내 말을 들으신 것을 감사하나이다", "어린 아이들에게 나타내심을 감사하나이다"라고 말씀하고 있습니다. 예수님은 항상 감사의 기도를 드렸습니다.

셋째, 다니엘의 감사 기도

> 다니엘이 이 조서에 왕의 도장이 찍힌 것을 알고도 자기 집에 돌아가서는 윗방에 올라가 예루살렘으로 향한 창문을 열고 전에 하던 대로 하루 세 번씩 무릎을 꿇고 기도하며 그의 하나님께 감사하였더라
>
> - 다니엘 6:10

성경 본문에서는 "조서에 왕의 도장이 찍힌 것을 알고도", "기도하며 하나님께 감사하였더라"라고 말씀하고 있습니다. 다니엘은 기도하면 죽을 수 있는 상황에서도 하나님께 감사의 기도를 드렸습니다. 상황이 좋든지 나쁘든지 관계없이 감사의 기도를 드려야 합니다.

3. 감사 기도 드리는 방법

첫째, 하나님께서 주신 복을 생각하면 감사의 기도를 드릴 수 있습니다. 만일 감사하는 마음이 일어나지 않아 감사의 기도를 드리지 못할 때에 하나님께 받은 여러 가지 선물을 생각하며 감사의 기

도를 시작합시다. 육체 건강, 정신 건강, 집, 음식, 가정, 의복, 힘, 의욕 등 매일매일 부어 주신 모든 복에 대하여 감사의 기도를 드리면 됩니다.

둘째, 예수 그리스도의 십자가를 묵상하십시오. 나의 죄로 이 세상에서 가장 순결하고 아름답고 고귀한 분이 희생되었다는 것을 묵상해 보십시오. 십자가에 매달리신 예수님의 다섯 군데 상처가 나의 죄로 인한 것이라 생각하고 머리의 가시 면류관, 오른손의 못 자국, 옆구리의 창 자국을 차례대로 묵상해 보시기 바랍니다. 그리고 이사야서 53장 5절 "그가 찔림은 우리의 허물 때문이요 그가 상함은 우리의 죄악 때문이라 그가 징계를 받으므로 우리는 평화를 누리고 그가 채찍에 맞으므로 우리는 나음을 받았도다." 이 말씀을 묵상해 보시기 바랍니다. 감사의 기도를 하지 않고는 견딜 수 없을 것입니다.

기도자의 마음가짐과 자세 ❺ - 끈질김

1. 성경 속의 끈질김 사례

또 이르시되 너희 중에 누가 벗이 있는데 밤중에 그에게 가서 말하기를 벗이여 떡 세 덩이를 내게 꾸어 달라 내 벗이 여행중에 내게 왔으나 내가 먹일 것이 없노라 하면 그가 안에서 대답하여 이르되 나를 괴롭게 하지 말라 문이 이미 닫혔고 아이들이 나와 함께 침실에 누웠으니 일어나 네게 줄 수가 없노라 하겠느냐 내가 너희에게 말하노니 비록 벗 됨으로 인하여서는 일어나서 주지 아니할지라도 그 간청함을 인하여 일어나 그 요구대로 주리라

- 누가복음 11:5-8

밤중에 찾아간 친구의 끈질긴 간청입니다. 벗이 와서 간청을 하였지만 개인 사정을 들어 벗의 청을 거절합니다. 성경 본문에서는 "비록 벗 됨으로 인하여서는 일어나서 주지 아니할지라도 그 간청함을 인하여 일어나 그 요구대로 주리라"라고 말씀하고 있습니다. 벗의 끈질긴 간청 때문에 벗의 청을 들어 주었습니다.

2. 끈질김과 기도와의 관계

첫째, 야곱의 끈질긴 기도

야곱은 홀로 남았더니 어떤 사람이 날이 새도록 야곱과 씨름하다가 자기가 야곱을 이기지 못함을 보고 그가 야곱의 허벅지 관절을 치매 야곱의 허벅지 관절이 그 사람과 씨름할 때에 어긋났더라 그가 이르되 날이 새려하니 나로 가게 하라 야곱이 이르되 당신이 내게 축복하지 아니하면 가게 하지 아니하겠나이다 그 사람이 그에게 이르되 네 이름이 무엇이냐 그가 이르되 야곱이니이다 그가 이르되 네 이름을 다시는 야곱이라 부를 것이 아니요 이스라엘이라 부를 것이니 이는 네가 하나님과 및 사람들과 겨루어 이겼음이니라 야곱이 청하여 이르되 당신의 이름을 알려주소서 그 사람이 이르되 어찌하여 내 이름을 묻느냐 하고 거기서 야곱에게 축복한지라

- 창세기 32:24-29

성경 본문에서는 "야곱이 이르되 당신이 내게 축복을 하지 아니하면 가게 하지 아니하겠나이다"라고 말씀하고 있습니다. 야곱은 축복을 받을 때까지 포기하지 않았습니다. 그 결과 축복을 받았습니다. 야곱과 같이 육체적인 고난이 오더라도 기도의 응답을 받을 때까지 포기하지 않고 기도하여야 합니다.

둘째, 엘리야의 끈질긴 기도

엘리야가 아합에게 이르되 올라가서 먹고 마시소서 큰 비 소리가 있
나이다 아합이 먹고 마시러 올라가니라 엘리야가 갈멜 산 꼭대기로
올라가서 땅에 꿇어 엎드려 그의 얼굴을 무릎 사이에 넣고 그의 사환
에게 이르되 올라가 바다쪽을 바라보라 그가 올라가 바라보고 말하
되 아무것도 없나이다 이르되 일곱 번까지 다시 가라 일곱 번째 이르
러서는 그가 말하되 바다에서 사람의 손 만한 작은 구름이 일어나나
이다 이르되 올라가 아합에게 말하기를 비에 막히지 아니하도록 마
차를 갖추고 내려가소서 하라 하니라 조금 후에 구름과 바람이 일어
나서 하늘이 캄캄해지며 큰 비가 내리는지라 아합이 마차를 타고 이
스르엘로 가니

- 열왕기상 18: 41-45

엘리야는 3년 동안 내리지 않았던 비가 내리길 간청하였습니다.
한 번이 아니라 일곱 번을 간청했습니다. 성경 본문에서는 "일곱
번까지 다시 가라"라고 말씀하고 있습니다. 7은 완전수입니다. 기
도의 응답이 완전히 이룰 때까지 기도하라는 의미로 해석할 수 있
습니다. 지금 당장 눈에 보이는 응답이 없다 할지라도 중도에 포기
하지 말고 응답될 때까지 기도하여야 합니다.

셋째, 한 과부의 끈질긴 기도

예수께서 그들에게 항상 기도하고 낙심하지 말아야 할 것을 비유로
말씀하여 이르시되 어떤 도시에 하나님을 두려워하지 않고 사람을
무시하는 한 재판장이 있는데 그 도시에 한 과부가 있어 자주 그에게
가서 내 원수에 대한 나의 원한을 풀어 주소서 하되 그가 얼마 동안
듣지 아니하다가 후에 속으로 생각하되 내가 하나님을 두려워하지
않고 사람을 무시하나 이 과부가 나를 번거롭게 하니 내가 그 원한을
풀어 주리라 그렇지 않으면 늘 와서 나를 괴롭게 하리라 하였느니라
주께서 또 이르시되 불의한 재판장이 말한 것을 들으라 하물며 하나
님께서 그 밤낮 부르짖는 택하신 자들의 원한을 풀어 주지 아니하시
겠느냐 그들에게 오래 참으시겠느냐

- 누가복음 18:1-7

사람들의 간청을 무시하는 불의한 재판관도 끈질긴 간청 앞에서
는 간청을 들어줄 수밖에 없었습니다. 성경 본문에서는 "이 과부
는 나를 번거롭게 하니 내가 그 원한을 풀어 주리라"라고 말씀하
고 있습니다. 이 여인의 끈질김이 기도 응답의 열쇠임을 배울 수
있습니다.

기도자의 마음가짐과 자세 ❻ – 열렬함

세리는 멀리 서서 감히 눈을 들어 하늘을 쳐다보지도 못하고 다만 가
슴을 치며 이르되 하나님이여 불쌍히 여기소서 나는 죄인이로소이다
하였느니라

- 누가복음 18:13

열렬함은 어떤 것에 대한 애정이나 태도가 매우 맹렬한 상태를
말합니다. 신앙생활에도 열렬함이 필요합니다. 하나님 사랑과 이웃
사랑에 대한 열렬함은 물론이고 말씀과 기도에 대한 열렬함도 있
어야 합니다.

1. 기도의 열렬함이란 무엇입니까?

기도자의 마음과 태도가 하나님을 향한 열망으로 맹렬하게 타
오르는 것을 말합니다. 기도는 뜨거운 기도와 차가운 기도로 나눌
수 있습니다.

첫째, 뜨거운 기도

> 예수께서 힘쓰고 애써 더욱 간절히 기도하시니 땀이 땅에 떨어지는
> 핏방울같이 되더라
>
> - 누가복음 22:44

예수님은 땀이 땅에 떨어지는 핏방울같이 간절히 기도를 하였습니다. 이와 같은 기도가 뜨거운 기도입니다.

> 세리는 멀리 서서 감히 눈을 들어 하늘을 쳐다보지도 못하고 다만 가
> 슴을 치며 이르되 하나님이여 불쌍히 여기소서 나는 죄인이로소이다
> 하였느니라
>
> - 누가복음 18:13

세리는 감히 눈을 들어 하늘을 쳐다보지도 못하고 가슴을 치며 간절하게 기도했습니다. 이와 같은 기도가 뜨거운 기도입니다.

둘째, 차가운 기도

> 바리새인은 서서 따로 기도하여 이르되 하나님이여 나는 다른 사람
> 들 곧 토색, 불의, 간음을 하는 자들과 같지 아니하고 이 세리와도 같
> 지 아니함을 감사하나이다
>
> - 누가복음 18:11

형식적이고 관행적으로 하는 기도, 남을 의식하는 기도, 자기 의를 나타나는 기도는 차가운 기도입니다.

2. 열렬한 기도를 드리지 못하는 원인

첫째, 구원에 대한 확신이 없기 때문입니다.

예수 그리스도의 보혈의 공로로 구원받아 의롭게 된 성도는 남은 생애를 주를 위해 살아가게 됩니다. 구원에 대한 확신 여하에 따라 기도가 열렬할 수도 있고 냉랭할 수도 있습니다. 구원에 대한 확신이 없으면 신앙생활은 물론 기도 생활도 냉랭해질 수밖에 없습니다.

둘째, 건성으로 기도하기 때문입니다.

성의 없이 대충 겉으로만 하는 기도, 마음에도 없는 기도는 열렬한 기도가 될 수 없습니다.

셋째, 냄비근성 같은 기도 생활 때문입니다.

쉽게 달아오르고 금방 식어버리는 냄비 같은 기도에는 열렬함이 없습니다. 뜨거워지는 데는 조금 시간이 걸리지만 일단 달구어지면 쉽게 식지 않는 가마솥 같은 기도가 필요합니다.

넷째, 임시방편적인 기도 생활 때문입니다.

갑자기 터진 일을 우선 간단하게 둘러맞추어 처리하는 것과 같이 필요할 때마다 드리는 기도는 열렬한 기도가 되기 어렵습니다.

3. 잘못된 열렬함의 기도

잘못된 열렬한 기도는 기도 생활에 비성경적인 요소를 도입하는 것입니다.

> 그들이 받은 송아지를 가져다가 잡고 아침부터 낮까지 바알의 이름을 불러 이르되 바알이여 우리에게 응답하소서 하나 아무 소리도 없고 아무 응답하는 자도 없으므로 그들이 그 쌓은 제단 주위에서 뛰놀더라 정오에 이르러는 엘리야가 그들을 조롱하여 이르되 큰 소리로 부르라 그는 신인즉 묵상하고 있는지 혹은 그가 잠깐 나갔는지 혹은 그가 길을 행하는지 혹은 그가 잠이 들어서 깨워야 할 것인지 하매 이에 그들이 큰 소리로 부르고 그들의 규례를 따라 피가 흐르기까지 칼과 창으로 그들의 몸을 상하게 하더라
>
> - 열왕기상 18:26-28

성경 본문에서는 "그들이 큰 소리로 부르고 그들의 규례를 따라 피가 흐르기까지 칼과 창으로 그들의 몸을 상하게 하더라"라고 말씀하고 있습니다. 바알 선지자들은 기도에 대한 하나님의 응답이 없자 응답을 구하고자 뛰놀며 또 칼과 창으로 그들의 몸을 상처 내는 등으로 광적인 기도를 하였습니다. 한국교회 일부 성도들은 산기도에 가서 나무뿌리가 뽑힐 정도로 기도하여야 기도 응답을 받는 줄 압니다. 이와 같은 광적인 기도는 열렬한 기도가 아닙니다.

4. 열렬한 기도는 어떻게 이루어질까요?

첫째, 통회하는 심정으로 기도를 드릴 때

세리는 멀리 서서 감히 눈을 들어 하늘을 쳐다보지도 못하고 다만 가슴을 치며 이르되 하나님이여 불쌍히 여기소서 나는 죄인이로소이다 하였느니라

- 누가복음 18:13

성경 본문에서는 "감히 눈을 들어 하늘을 쳐다보지도 못하고 다만 가슴을 치며"라고 말씀하고 있습니다. 세리는 감히 눈을 들어 하늘을 쳐다보지도 못하고 가슴을 치며 통회하는 심정으로 간절하게 기도했습니다. 이때 열렬한 기도가 이루어집니다.

둘째, 성령 안에서 기도할 때

모든 기도와 간구를 하되 항상 성령 안에서 기도하고 이를 위하여 깨
어 구하기를 항상 힘쓰며 여러 성도를 위하여 구하라

- 에베소서 6:18

성경 본문에서는 "성령 안에서 기도하고"라고 말씀하고 있습니다. 성령은 기도의 영입니다. 성령 안에서 기도할 때 성령께서 기도를 인도하시고 우리의 기도를 도와주십니다. 이때 열렬한 기도가 이루어집니다.

셋째, 집중하여 기도할 때

종들아 모든 일에 육신의 상전들에게 순종하되 사람을 기쁘게 하는
자와 같이 눈가림만 하지 말고 오직 주를 두려워하여 성실한 마음으
로 하라

- 골로새서 3:22

성경 본문에서는 "모든 일에 (…) 오직 주를 두려워하여 성실한 마음으로 하라"라고 말씀하고 있습니다. 기도 역시 오직 주를 두려워하며 주님께 집중하여 기도할 때 열렬한 기도가 이루어집니다. 돋보기의 초점이 맞을 때 햇빛을 모아 종이를 태우듯이 우리는 우

리 자신에 대한 모든 것을 포기하고 오직 주님에게만 집중하여야
합니다.

넷째, 간절한 기도가 있을 때

이에 베드로는 옥에 갇혔고 교회는 그를 위하여 간절히 하나님께 기
도하더라

- 사도행전 12:5

성경 본문에서는 "간절히 하나님께 기도하더라"라고 말씀하고 있
습니다. 간절함의 통상적인 의미는 마음속에서 우러나 바라는 정
도가 매우 절실한 상태를 말합니다. 초대교회 교인들은 간절히 하
나님께 기도했습니다. 간절히 기도하는 사람은 하나님을 만날 것입
니다. 간절히 기도할 때 열렬한 기도가 이루어집니다.

기도자의 마음가짐과 자세 ❼ - 순종

사무엘이 이르되 여호와께서 번제와 다른 제사를 그의 목소리를 청
종하는 것을 좋아하심 같이 좋아하시겠나이까 순종이 제사보다 낫고
듣는 것이 숫양의 기름보다 나으니

- 사무엘상 15:22

1. 기도는 행함이며 행함이 기도입니다

우리는 기도를 단순히 하나님께 우리의 필요를 구하는 것으로
생각합니다. 그래서 기도한 후 하나님께서 응답해 주실 때까지 막
연히 기다립니다. 이것은 기도를 잘못 알고 있기 때문입니다. 기도
는 하나님의 응답이 있을 때까지 기도한 내용대로 행하는 것입니
다. 즉 기도가 행함이며 행함이 기도입니다.

2. 기도 내용과 행함이 일치되어야 합니다

너희는 나를 불러 주여 주여 하면서도 어찌하여 내가 말하는 것을 행
하지 아니하느냐

- 누가복음 6:46

하나님을 사랑하는 것은 이것이니 우리가 그의 계명들을 지키는 것
이라 그의 계명들은 무거운 것이 아니로다

- 요한일서 5:3

성경 본문에서는 "주여 주여 하면서도 어찌하여 내가 말하는 것
을 행하지 아니하느냐"라고 말씀하고 있습니다. 우리에게 기도 후
기도 내용대로 행하기를 권면하고 있습니다. 우리는 주님을 사랑
한다고 말하고 찬송도 열심히 합니다. 그러나 하나님의 말씀에는
순종하지 못하고 있습니다. 주님 되시는 하나님의 말씀에 순종하
지 않으면서 어떻게 주님을 사랑한다고 말할 수 있겠습니까? 우리
는 예수님을 우리 영혼을 구원하신 구세주로 믿지만은 주인되시는
주님으로는 믿지 않는 편입니다. 또한 하나님의 백성되기는 좋아하
면서 하나님 백성으로 살아가기는 좋아하지 않는 편입니다. 성경
본문에서는 "하나님을 사랑하는 것은 이것이니 우리가 그의 계명
을 지키는 것이라"라고 말씀하고 있습니다. 이와 같은 모습이 기도
에도 그대로 나타나고 있습니다. 기도만 하고 기도에 합당한 행함

이 없는 것은 잘못된 기도입니다. 기도 내용과 행함이 일치되어야 하나님의 뜻에 합한 기도입니다.

> 누구든지 그의 말씀을 지키는 자는 하나님의 사랑이 참으로 그 속에서 온전하게 되었나니 이로써 우리가 그의 안에 있는 줄을 아노라 그의 안에 산다고 하는 자는 그가 행하시는 대로 자기도 행할지니라
>
> - 요한일서 2:5-6

> 무엇이든지 구하는 바를 그에게서 받나니 이는 우리가 그의 계명을 지키고 그 앞에서 기뻐하시는 것을 행함이라
>
> - 요한일서 3:22

성경 본문에서는 "그의 안에 산다고 하는 자는 그가 행하시는 대로 자기도 행할지니라", "그의 계명을 지키고 그 앞에서 기뻐하시는 것을 행함이라"라고 말씀하고 있습니다. 하나님에게 기도하고 응답을 받기 위해서는 하나님의 계명을 지키고 하나님이 기뻐하시는 것을 행하여야 합니다.

3. 우리가 구하는 것을 왜 받지 못하는 걸까요?

구하라 그리하면 너희에게 주실 것이요 찾으라 그리하면 찾아낼 것

이요 문을 두드리라 그리하면 너희에게 열릴 것이니 구하는 이마다
받을 것이요 찾는 이는 찾아낼 것이요 두드리는 이에게는 열릴 것이
니라 너희 중에 누가 아들이 떡을 달라 하는데 돌을 주며 생선을 달
라 하는데 뱀을 줄 사람이 있겠느냐 너희가 악한 자라도 좋은 것으로
자식에게 줄 줄 알거든 하물며 하늘에 계신 너희 아버지께서 구하는
자에게 좋은 것으로 주시지 않겠느냐 그러므로 무엇이든지 남에게
대접을 받고자 하는 대로 너희도 남을 대접하라 이것이 율법이요 선
지자니라

- 마태복음 7:7-12

성경 본문에서는 "하늘에 계신 너희 아버지께서 구하는 자에게
좋을 것으로 주시지 않겠느냐 그러므로 무엇이든지 남에게 대접을
받고자 하는 대로 너희도 남을 대접하라"라고 말씀하고 있습니다.
하나님은 무조건 구하고 찾고 두드린다고 다 들어 주시는 것이 아
닙니다. 성경대로 살지도 않으면서, 하나님의 영광을 욕되게 살면
서, 하나님께 응답만 받으려고 기도한다면 어찌 하나님께서 그 기
도를 들어 주시겠습니까? 하나님에게 응답을 받고자 하는 대로 살
아간다면 하나님의 응답이 있을 것입니다.

내가 기뻐하는 금식은 흉악의 결박을 풀어 주며 멍에의 줄을 끌러 주
며 압제당하는 자를 자유하게 하며 모든 멍에를 꺾는 것이 아니겠느
냐 또 주린 자에게 네 양식을 나누어 주며 유리하는 빈민을 집에 들

이며 헐벗은 자를 보면 입히며 또 네 골육을 피하여 스스로 숨지 아니하는 것이 아니겠느냐 그리하면 네 빛이 새벽같이 비칠 것이며 네 치유가 급속할 것이며 네 공의가 네 앞에 행하고 여호와의 영광이 네 뒤에 호위하리니 네가 부를 때에는 나 여호와가 응답하겠고 네가 부르짖을 때에는 내가 여기 있다 하리라 만일 네가 너희 중에서 멍에와 손가락질과 허망한 말을 제하여 버리고

- 이사야 58:6-9

성경 본문에서는 "흉악의 결박을 풀어주며 (…) 주린 자에게 네 양식을 나누어 주며 (…) 그리하면 (…) 네가 부를 때에는 나 여호와가 응답하겠고"라고 말씀하고 있습니다. 하나님의 말씀대로 순종할 때 하나님은 우리의 기도에 응답해 주십니다.

Chapter 6

누구를 위하여
무엇을 기도합니까?

· 기도할 대상과 기도 내용
· 기도의 우선순위

기도할 대상과 기도 내용

그러므로 너희 죄를 서로 고백하며 병이 낫기를 위하여 서로 기도하
라 의인의 간구는 역사하는 힘이 큼이니라

- 야고보서 5:16

1. 기도할 대상 - 누구를 위하여 기도합니까?

첫째, 우리는 모든 교회를 위해 기도해야 합니다.

모든 기도와 간구를 하되 항상 성령 안에서 기도하고 이를 위하여 깨
어 구하기를 항상 힘쓰며 여러 성도를 위하여 구하라

- 에베소서 6:18

성경 본문에서는 "여러 성도를 위하여 구하라"라고 말씀하고 있
습니다. 즉 교회를 위하여 기도하라는 말입니다. 교회는 그리스도
를 머리로 하는 몸으로서 세상 어디에 있는 교회든 다 같은 한 몸
입니다. 그러므로 우리는 우리 교단만 교회만 기도할 것이 아니라

세상에 있는 모든 교회(공교회)를 위해 기도해야 합니다.

둘째, 우리는 국가를 다스리는 자들을 위해 기도해야 합니다.

> 그러므로 내가 첫째로 권하노니 모든 사람을 위하여 간구와 기도와
> 도고와 감사를 하되 임금들과 높은 지위에 있는 모든 사람을 위하여
> 하라 이는 우리가 모든 경건과 단정함으로 고요하고 평안한 생활을
> 하려 함이라
>
> - 디모데전서 2:1-2

성경 본문에서는 "임금들과 높은 지위에 있는 모든 사람을 위하여 하라"라고 말씀하고 있습니다. 그 이유로 "우리가 모든 경건과 단정함으로 고요하고 평안한 생활을 하려 함이라"라고 말씀하고 있습니다. 그러므로 우리의 평안한 생활을 위하여 국가를 다스리는 자들을 위하여 기도해야 합니다.

셋째, 우리는 마땅히 자신을 위해 기도해야 합니다.

> 내가 주께 간구하오니 내 형의 손에서, 에서의 손에서 나를 건져내시
> 옵소서 내가 그를 두려워함은 그가 와서 나와 내 처자들을 칠까 겁이
> 나기 때문이니이다
>
> - 창세기 32:11

성경 본문에서는 "나를 건져내시옵소서"라고 말씀하고 있습니다. 즉 자신의 건강이나 치유, 음식, 의복, 물질적 번성, 사업의 성공 등 합당한 세상적인 복을 위해 또한 자신의 영적 복을 위해 기도해야 합니다.

넷째, 우리는 우리의 형제나 친구는 물론 원수를 위해서라도 기도해야 합니다.

> 그러므로 너희 죄를 서로 고백하며 병이 낫기를 위하여 서로 기도하라 의인의 간구는 역사하는 힘이 큼이니라
>
> - 야고보서 5:16

> 나는 너희에게 이르노니 너희 원수를 사랑하며 너희를 박해하는 자를 위하여 기도하라
>
> - 마태복음 5:44

성경 본문에서는 "서로 기도하라", "너희를 박해하는 자를 위하여 기도하라"라고 말씀하고 있습니다. 성경은 우리에게 이웃을 내 몸같이 사랑하라고 말씀하고 있습니다. 심지어 원수까지 사랑하고 그들을 위해 기도하라고 말씀하고 있습니다. 우리의 원수도 하나님의 입장에서 볼 때 우리와 같은 귀한 존재들입니다. 또한 우리같이 구원이 필요한 죄인입니다. 그러므로 형제나 친구는 물론 원수

까지 기도해야 합니다.

이상의 내용을 요약하면 우리가 기도할 대상은 나라와 민족 그리고 위정자와 목회자, 원수를 포함한 이웃 가족과 가정 그리고 나 자신임을 알 수 있습니다.

2. 기도 내용 - 무엇을 위하여 기도합니까?

> 예수께서 말씀하여 이르시되 네게 무엇을 하여 주기를 원하느냐 맹인
> 이 이르되 선생님이여 보기를 원하나이다
>
> - 마가복음 10:51

성경 본문에서는 "네게 무엇을 하여 주기를 원하느냐"라고 밀씀하고 있습니다. 예수님은 오늘도 우리에게 무엇을 하여 주기를 원하느냐고 묻고 계십니다. 우리는 우리가 원하는 것을 기도하여야 합니다.

첫째, 우리는 기도할 때 먼저 하나님의 영광을 위해 기도해야 합니다.

> 그러므로 너희는 이렇게 기도하라 하늘에 계신 우리 아버지여 이름

이 거룩히 여김을 받으시오며

- 마태복음 6:9

성경 본문에서는 "하늘에 계신 우리 아버지여 이름이 거룩히 여김을 받으시오며"라고 말씀하고 있습니다. 기도 내용을 결정할 때 가장 우선적으로 고려할 것은 무엇입니까? 가장 중요한 것은 하나님의 영광입니다. 사람의 제일 되는 목적은 하나님을 영화롭게 그를 기뻐하는 것입니다. 우리는 자신의 문제나 필요나 소원을 앞세울 것이 아니라 하나님과 그의 존귀와 영광을 먼저 생각해야 합니다.

둘째, 우리는 교회의 평강을 위해 기도해야 합니다.

여호와 우리 하나님의 집을 위하여 내가 너를 위하여 복을 구하리로다

- 시편 122:9

성경 본문에서는 "하나님의 집을 위하여"라고 말씀하고 있습니다. 교회는 그리스도를 머리로 하는 몸이며 하나님의 집입니다. 교회가 평강할 때 성도들이 형통해집니다. 그러므로 우리를 위해서라도 교회의 평강을 위해 기도해야 합니다.

셋째, 우리는 하나님의 뜻 안에서 자신의 유익(좋은 것)을 위해 기도해야 합니다.

> 너희가 악한 자라도 좋은 것으로 자식에게 줄 줄 알거든 하물며 하늘에 계신 너희 아버지께서 구하는 자에게 좋은 것으로 주시지 않겠느냐
>
> - 마태복음 7:11

성경 본문에서는 "구하는 자에게 좋은 것으로"라고 말씀하고 있습니다. 사업이나 재정적 번영, 육체적 건강 등을 하나님께 구하여야 합니다. 그러나 하나님의 뜻 안에서 구하여야 합니다.

넷째, 우리는 다른 사람의 유익을 구해야 합니다.

> 그러므로 내가 첫째로 권하노니 모든 사람을 위하여 간구와 기도와 도고와 감사를 하되
>
> - 디모데전서 2:1

성경 본문에서는 "모든 사람을 위하여 간구와 기도와 도고"라고 말씀하고 있습니다. 도고는 다른 사람을 대신해서 하나님께 간구하고 청원하는 일입니다. 즉 우리는 나만의 유익을 위하여 기도하지 말고 다른 사람들의 유익을 위하여 중보기도를 해야 합니다.

다섯째, 우리는 악한 것이나 하나님의 뜻에 맞지 않는 것을 구해서는 안 됩니다.

> 내가 나의 마음에 죄악을 품었더라면 주께서 듣지 아니하시리라
>
> - 시편 66:18

성경 본문에서는 "죄악을 품었더라면 주께 듣지 아니하시리라"라고 말씀하고 있습니다. 하나님은 죄악을 싫어하십니다. 그러므로 잘못된 기도제목으로 기도를 드릴 때 하나님은 듣지 않습니다. 비윤리적이고 비도덕적이고 반사회적이며 하나님의 뜻에 어긋난 기도를 드리면 안 됩니다.

성경 속의 기도 내용을 살펴보면 아래와 같습니다.

① 아브라함은 소돔과 고모라의 구원을 위하여 기도했습니다.

> 아브라함이 또 이르되 주는 노하지 마옵소서 내가 이번만 더 아뢰리이다 거기서 십 명을 찾으시면 어찌 하려 하시나이까 이르시되 내가 십 명으로 말미암아 멸하지 아니하리라
>
> - 창세기 18:32

② 이삭은 자녀의 출산을 위하여 기도했습니다.

이삭이 그의 아내가 임신하지 못하므로 그를 위하여 여호와께 간구
하매 여호와께서 그의 간구를 들으셨으므로 그의 아내 리브가가 임
신하였더니

- 창세기 25:21

③ 야곱은 하나님과 동행하기 위하여, 그리고 의식주와 여행 중
보호, 무사 귀가를 위하여 기도했습니다.

이 길에서 나를 지키시고 먹을 떡과 입을 옷을 주시어 내가 평안히 아
버지 집으로 돌아가게 하시오면 여호와께서 나의 하나님이 되실 것이
요 내가 기둥으로 세운 이 돌이 하나님의 집이 될 것이요 하나님께서
내게 주신 모든 것에서 십분의 일을 내가 반드시 하나님께 드리겠나
이다 하였더라

- 창세기 28:20-22

④ 모세는 백성들의 죄 용서와 가나안 땅에 들어가지 못하는 본
인을 가나안 땅에 들어가게 해달라고 기도했습니다.

그러나 이제 그들의 죄를 사하시옵소서 그렇지 아니하시오면 원하건
대 주께서 기록하신 책에서 내 이름을 지워 버려 주옵소서

- 출애굽기 32:32

구하옵나니 나를 건너가게 하사 요단 저쪽에 있는 아름다운 땅, 아름
다운 산과 레바논을 보게 하옵소서 하되

- 신명기 3:25

⑤ 한나는 자녀(사무엘) 출산을 위하여 기도했습니다.

한나가 마음이 괴로워서 여호와께 기도하고 통곡하며 서원하여 이르
되 만군의 여호와여 만일 주의 여종의 고통을 돌보시고 나를 기억하
사 주의 여종을 잊지 아니하시고 주의 여종에게 아들을 주시면 내가
그의 평생에 그를 여호와께 드리고 삭도를 그의 머리에 대지 아니하
겠나이다

- 사무엘상 1:10-11

⑥ 다윗은 밧세바와의 동침 후 회개를 위하여 기도했습니다.

하나님이여 주의 인자를 따라 내게 은혜를 베푸시며 주의 많은 긍휼
을 따라 내 죄악을 지워 주소서 나의 죄악을 말갛게 씻으시며 나의 죄
를 깨끗이 제하소서 무릇 나는 내 죄과를 아오니 내 죄가 항상 내 앞
에 있나이다

- 시편 51:1-3

⑦ 솔로몬은 지혜와 지식을 구하기 위하여 기도했습니다.

여호와 하나님이여 원하건대 주는 내 아버지 다윗에게 허락하신 것을 이제 굳게 하옵소서 주께서 나를 땅의 티끌같이 많은 백성의 왕으로 삼으셨사오니 주는 이제 내게 지혜와 지식을 주사 이 백성 앞에서 출입하게 하옵소서 이렇게 많은 주의 백성을 누가 능히 재판하리이까 하니

- 역대하 1:9-10

⑧ 엘리야는 과부 아들의 생명 회복을 위하여 기도했습니다.

여호와께 부르짖어 이르되 내 하나님 여호와여 주께서 또 내가 우거하는 집 과부에게 재앙을 내리사 그 아들이 죽게 하셨나이까 하고 그 아이 위에 몸을 세 번 펴서 엎드리고 여호와께 부르짖어 이르되 내 하나님 여호와여 원하건대 이 아이의 혼으로 그의 몸에 돌아오게 하옵소서 하니

- 열왕기상 17:20-21

⑨ 히스기야는 질병 치유와 생명 연장을 위하여 기도했습니다.

그때에 히스기야가 병들어 죽게 되매 아모스의 아들 선지자 이사야가 그에게 나아와서 그에게 이르되 여호와의 말씀이 너는 집을 정리

하라 네가 죽고 살지 못하리라 하셨나이다 히스기야가 낯을 벽으로
향하고 여호와께 기도하여 이르되 여호와여 구하오니 내가 진실과
전심으로 주 앞에 행하며 주께서 보시기에 선하게 행한 것을 기억하
옵소서 하고 히스기야가 심히 통곡하더라

- 열왕기하 20:1-3

⑩ 바울은 육체의 가시 제거를 위하여 기도했습니다.

여러 계시를 받은 것이 지극히 크므로 너무 자만하지 않게 하시려고
내 육체에 가시 곧 사탄의 사자를 주셨으니 이는 나를 쳐서 너무 자
만하지 않게 하려 하심이라 이것이 내게서 떠나가게 하기 위하여 내
가 세 번 주께 간구하였더니

- 고린도후서 12:7-8

⑪ 베드로는 여제자인 다비다를 살리기 위하여 기도했습니다.

베드로가 사람을 다 내보내고 무릎을 꿇고 기도하고 돌이켜 시체를
향하여 이르되 다비다야 일어나라 하니 그가 눈을 떠 베드로를 보고
일어나 앉는지라

- 사도행전 9:40

이상의 내용을 요약할 때 우리가 드릴 기도 내용은 영적, 지적,

사회적, 육체적, 물질적인 내용임을 알 수 있습니다.

　기도할 대상과 기도 내용을 종합적으로 요약하면 나라와 민족, 교회, 이웃, 가정 그리고 자기 자신을 위하여 영적, 지적, 사회적, 육체적, 물질적인 내용으로 기도를 하여야 합니다. 특히 기도 내용은 영적, 지적, 사회적인 영역에서부터 육체적, 물질적 영역에 이르기까지 다양합니다. 예를 들면 영적인 기도 내용은 하나님과 동행하는 삶을 구하거나 우리의 적인 육체의 정욕과 세상의 유혹과 사탄 마귀의 미혹으로부터 벗어나기를 구하거나 영적 전쟁에서 승리하기를 구하거나 성령의 능력과 성령 충만하기를 구하거나 불신자들의 영혼 구원을 구하거나 영적 성장을 구하는 등이 있습니다. 지적인 기도 내용은 각종 문제 해결을 위한 지혜와 지식을 구하거나 하나님 말씀을 잘 깨닫게 영안을 열어 주시길 구하는 것 등이 있습니다. 사회적인 기도 내용은 우리가 속한 각종 공동체(나라와 민족, 교회, 직장 등)에 대한 문제 해결을 구하거나 번영을 구하는 것 등이 있습니다. 육체적인 기도 내용은 영육 간의 건강과 에너지를 구하거나 치유를 구하거나 출산을 구하거나 위험으로부터 보호를 구하는 것 등이 있습니다. 물질적인 기도 내용은 의식주를 포함한 경제적인 문제의 해결, 취업 문제와 진학 문제의 해결 등 다양한 내용이 있습니다.

기도의 우선순위

그런즉 너희는 먼저 그의 나라와 그의 의를 구하라 그리하면 이 모든
것을 너희에게 더하시리라

- 마태복음 6:33

일을 할 때 우선순위가 있듯이 우리의 기도에도 우선순위가 있습
니다. 우선순위가 잘못되면 일을 그르치게 되는 것처럼 기도의 우선
순위가 잘못되면 하나님의 뜻에 합한 기도를 드릴 수 없습니다.

1. 기도 우선순위의 뜻

기도 우선순위의 뜻은 기도에서 제일 중요한 것이 무엇이냐 하
는 것입니다. 기도를 드릴 때 우리는 무엇부터 기도를 드리고 있습
니까? 자신에게 필요한 것을 먼저 드리고 있지는 않습니까? 기도
는 누구를 향하여 기도를 드리느냐에 따라 하나님 중심 기도와 자
기(타인 포함) 중심 기도로 나누어집니다.

첫째, 하나님 중심 기도

> 내가 여호와께 바라는 한 가지 일 그것을 구하리니 곧 내가 내 평생에
> 여호와의 집에 살면서 여호와의 아름다움을 바라보며 그의 성전에서
> 사모하는 그것이라
>
> - 시편 27:4

다윗은 하나님께 평생 하나님의 집에서 하나님의 아름다움을 바라보며 하나님의 성전을 사모하는 하나님을 향한 기도를 드렸습니다. 하나님 중심 기도는 하나님의 영광을 이루기 위한 기도입니다.

둘째, 자기 중심 기도

> 야베스가 이스라엘 하나님께 아뢰어 이르되 주께서 내게 복을 주시
> 려거든 나의 지역을 넓히시고 주의 손으로 나를 도우사 나로 환난을
> 벗어나 내게 근심이 없게 하옵소서 하였더니 하나님이 그가 구하는
> 것을 허락하셨더라
>
> - 역대상 4:10

야베스는 하나님께 복을 달라고 기도했습니다. 지역을 넓혀 달라, 주님의 손으로 도움을 달라, 모든 환난을 벗어나고 근심이 없게 해 달라 기도했습니다. 자기 중심 기도는 기도자 자신을 위한

기도이며 기도자의 필요를 하나님께 요구하는 기도입니다.

2. 기도 우선순위에 대한 우리들의 모습

첫째, 제일 먼저 누구를 위하여 기도하십니까?

강소교회사역연구소에서 100명의 개인 기도제목을 분석하였습니다. 분석 결과 기도할 대상의 우선순위는 가족과 개인을 위한 기도, 즉 자기 중심 기도가 66%를 차지하였습니다. 우리가 먼저이고 하나님은 다음인 것을 알 수 있습니다.

둘째, 제일 먼저 무엇을 위하여 기도하십니까?

기도 내용도 기도할 대상과 동일한 자료로 분석한 결과 우선순위는 건강, 재정, 취업, 진학 등 물질적·육신적인 기도 내용이 47.8%를 차지하였습니다. 하나님의 나라와 그의 의를 구하기보다는 우리 스스로의 나라와 우리의 의를 구하는 자기 중심 기도 모습을 볼 수 있었습니다.

> 너희가 많은 것을 바랐으나 도리어 적었고 너희가 그것을 집으로 가
> 져갔으나 내가 불어버렸느니라 나 만군의 여호와가 말하노라 이것이

무슨 까닭이냐 내 집은 황폐하였으되 너희는 각각 자기의 집을 짓기

위하여 빨랐음이라

- 학개 1:9

성경 본문에서는 "내 집은 황폐하였으되 너희는 각각 자기의 집을 짓기 위하여 빨랐음이라"라고 말씀하고 있습니다. 하나님의 집은 황폐한데 자기의 집을 짓기 위해서는 열중하는 백성에게 회개하라고 말씀하였습니다. 하나님은 자기 중심 기도에 열중하는 우리에게도 회개하라고 말씀하고 계심을 깨달아야 합니다.

3. 기도 내용의 균형과 우선순위

첫째, 기도의 균형적인 문제

우리의 기도는 자기 중심 기도와 하나님 중심 기도 모두 필요합니다. 그런데 문제는 하나님 중심 기도보다는 우리 자신(가족, 자신의 교회 등)을 위한 기도가 많다는 것입니다. 즉 자기 중심 기도의 편중현상이 심하다는 것입니다.

둘째, 기도 내용 우선순위의 문제

성공하는 사람과 성공하지 못한 사람의 차이는 일의 우선순위에 있습니다. 성공하지 못하는 사람은 미래를 위한 일보다는 당장 눈앞에 일어나는 일에 많은 시간을 사용하지만 성공하는 사람은 당장 눈앞에 일어나는 일보다는 미래를 위한 일에 많은 시간을 사용한다는 것입니다. 가난한 사람들은 매일 힘에 부쳐 쩔쩔매며 괴로워하며 애쓰며 살아갑니다. 가난의 악순환을 끊지 못한 이유는 미래를 위한 일에 시간을 사용하지 않고 있기 때문입니다. 가난의 악순환을 끊는 것은 당장에는 도움에 되지 않더라도 근본적인 문제 해결을 위하여 시간을 사용하는 것입니다. 기도 역시 우리의 필요한 문제의 근본 해결을 위해서는 하나님 중심 기도를 하여야 합니다. 그러나 우리들은 하나님 중심 기도를 먼저 하기보다는 우리 자신(가족, 자신의 교회 등)을 위한 기도를 먼저 하고 있습니다. 즉 기도의 우선순위가 잘못되었다는 것입니다.

> 그런즉 너희는 먼저 그의 나라와 그의 의를 구하라 그리하면 이 모든
> 것을 너희에게 더하시리라
>
> — 마태복음 6:33

성경 본문에서는 "먼저 그의 나라와 그의 의를 구하라"라고 말씀하고 있습니다. 우리는 먼저 하나님의 나라와 그의 의를 위해서 기도해야 합니다. 이방인처럼 세속의 물질과 영광을 먼저 구하는 기도를 해서는 안 됩니다. 하나님 나라와 그의 의를 우선순위로 삼

는 자에게 하나님께서는 그가 구하지 않은 것들을 모두 허락해 주실 것입니다.

4. 성경 속의 우선순위 사례

> 하나님이 솔로몬에게 이르시되 이런 마음이 네게 있어서 부나 재물이나 영광이나 원수의 생명 멸하기를 구하지 아니하며 장수도 구하지 아니하고 오직 내가 네게 다스리게 한 내 백성을 재판하기 위하여 지혜와 지식을 구하였으니 그러므로 내가 네게 지혜와 지식을 주고 부와 재물과 영광도 주리니 네 전의 왕들도 이런 일이 없었거니와 네 후에도 이런 일이 없으리라 하시니라
>
> - 역대하 1:11-12

솔로몬은 자기 자신의 사적인 유익을 위해 구하지 않았습니다. 대신 하나님께서 그에게 맡겨 주신 사명, 즉 이스라엘을 통치하는 사명을 잘 할 수 있도록 그에게 필요한 지혜와 지식을 구했습니다. 즉 하나님을 향한 기도를 하였습니다. 이것이 하나님의 마음을 기쁘게 했고 그 결과 그가 구하지 않은 것까지도 받게 되었습니다. 하나님을 향한 기도를 먼저 구할 때 하나님은 우리에게 필요한 모든 것을 채워 주십니다.

그들이 길 갈 때에 예수께서 한 마을에 들어가시매 마르다라 이름하

는 한 여자가 자기 집으로 영접하더라 그에게 마리아라 하는 동생이

있어 주의 발치에 앉아 그의 말씀을 듣더니 마르다는 준비하는 일이

많아 마음이 분주한지라 예수께 나아가 이르되 주여 내 동생이 나 혼

자 일하게 두는 것을 생각하지 아니하시나이까 그를 명하사 나를 도

와 주라 하소서 주께서 대답하여 이르시되 마르다야 마르다야 네가

많은 일로 염려하고 근심하나 몇 가지만 하든지 혹은 한 가지만이라

도 족하니라 마리아는 이 좋은 편을 택하였으니 빼앗기지 아니하리

라 하시니라

- 누가복음 10:38-42

마르다는 예수님 대접 준비로 마음이 분주할 뿐 아니라 많은 일로 인하여 염려하고 근심하고 있습니다. 한편 마리아는 예수님의 발치에 앉아 주님의 말씀을 듣고 있습니다. 예수님은 분주한 마르다에게 몇 가지만 하든지 한 가지만 하라고 말씀하시고 마리아에게는 좋은 편을 택하였으니 빼앗기지 아니한다고 말씀하였습니다. 즉 예수님은 성도들의 우선순위에 대하여 말씀하고 계십니다. 마리아의 우선순위는 예수님이 원하시는 좋은 것, 즉 영적인 친밀한 교제를 선택했고 마르다는 자신이 좋은 것, 즉 물질적인 일을 선택했습니다. 우리는 하나님과 친밀한 교제가 우선이며 그 다음에 우리 자신들이 좋아하는 일을 하여야 합니다. 세상 속의 일도 우선순위가 있는데 세상일보다 더 중요한 하나님과의 일에도 당연히

우선순위가 있는 것입니다. 기도 내용의 우선순위는 하나님이 먼저이며 우리는 다음입니다. 그러나 우리의 모습은 우리가 먼저, 하나님은 다음입니다.

5. 주기도문을 통한 기도의 우선순위

> 그러므로 너희는 이렇게 기도하라 하늘에 계신 우리 아버지여 이름이 거룩히 여김을 받으시오며 나라가 임하시오며 뜻이 하늘에서 이루어진 것 같이 땅에서도 이루어지이다 오늘 우리에게 일용할 양식을 주시옵고 우리가 우리에게 죄 지은 자를 사하여 준 것 같이 우리 죄를 사하여 주시옵고 우리를 시험에 들게 하지 마시옵고 다만 악에서 구하시옵소서(나라와 권세와 영광이 아버지께 영원히 있사옵나이다 이멘)
>
> - 마태복음 6:9-13

예수님께서 제자들에게 기도의 모범이 되는 주기도문을 가르쳐 주었습니다. 이는 기도가 무엇이며 어떤 내용으로 기도해야 할 것인지를 가장 이상적으로 제시하신 기도문입니다. 이 주기도문을 통하여 기도 내용의 우선순위를 알 수 있습니다. 예수님은 주기도문을 통하여 기도 내용의 우선순위를 가르쳐 주고 계십니다. 기도는 먼저 하나님을 찬양하고 하나님의 나라와 그의 의를 구한 후에 일용할 양식을 포함한 우리들이 필요한 것을 구하라고 가르쳐 주십니다.

기도 절차

기도하는 것을 너무 어렵고 힘들다고 생각하는 성도들이 많습니다. 그렇게 생각하는 이유는 다양합니다. 여기서 말씀드리고 싶은 것은 기도의 절차를 모르고 있기 때문에 기도가 어렵고 힘들다는 것입니다. 무엇부터 기도해야 할지 모르므로 기도가 어렵고 힘들게 느껴지는 것입니다. 절차대로 기도한다면 어렵고 힘든 점을 어느 정도 해결할 수 있을 것입니다.

1. 왜 기도는 절차대로 기도해야 합니까?

첫째, 사람 간의 대화에도 절차가 있듯이 기도에도 절차가 있습니다.

기도는 하나님과의 대화입니다. 모든 대화에는 절차가 있듯이 기도에도 절차가 있습니다. 절차에 따라 하나님께 드려야 합니다. 기도의 절차를 무시하고 두서없이 아무렇게나 기도를 한다면 얼마나 혼란스럽겠습니까?

둘째, 기도는 사전 준비가 필요합니다.

높으신 분과 면담하거나 인삿말을 하더라도 미리 준비하는 것처럼 하나님께 기도할 때도 미리 내용과 순서를 정해 놓는 것이 올바른 기도의 자세입니다.

셋째, 중언부언을 방지해줍니다.

두서없이 기도함으로써 같은 말을 계속 되풀이합니다. 이를 방지하기 위해서 기도의 절차가 필요합니다.

2. 기도의 차례

기도의 차례는 통상적으로 하나님께 찬양 그리고 하나님과의 관계회복을 위한 회개와 자백, 하나님의 은혜에 대한 감사, 영육 간의 필요에 대한 간구의 순으로 합니다.

첫째, 찬양

이 백성은 내가 나를 위하여 지었나니 나를 찬송하게 하려 함이니라

- 이사야 43:21

그 기쁘신 뜻대로 우리를 예정하사 예수 그리스도로 말미암아 자기
의 아들들이 되게 하셨으니 이는 그가 사랑하시는 자 안에서 우리에
게 거저 주시는 바 그의 은혜의 영광을 찬송하게 하려는 것이라

- 에베소서 1:5-6

성경 본문에서는 "내가 나를 위하여 지었나니 나를 찬송하게 하려
함이니라"라고 말씀하고 있습니다. 하나님은 찬송받으시기 위하여
우리를 창조하였습니다. 또한 성경 본문에서는 "우리를 예정하사 예
수 그리스도로 말미암아 자기 아들들이 되게 하셨으니", "그의 은혜
의 영광을 찬송하게 하려는 것이라"라고 말씀하고 있습니다. 하나님
은 찬송받으시기 위하여 우리를 구원하였습니다. 피조물이며 죄인
인 우리는 하나님께 영광과 경배와 찬양을 드려야 합니다.

영원하신 왕 곧 썩지 아니하고 보이지 아니하고 홀로 하나이신 하나
님께 존귀와 영광이 영원무궁하도록 있을지어다 아멘

- 디모데전서 1:17

둘째, 회개

내가 이르기를 내 허물을 여호와께 자복하리라 하고 주께 내 죄를 아
뢰고 내 죄악을 숨기지 아니하였더니 곧 주께서 내 죄악을 사하셨나
이다

- 시편 32:5

기도할 때 자신이 지은 죄를 고백하고 하나님께 죄에 대한 용서를 구하여야 합니다.

> 하나님이여 주의 인자를 따라 내게 은혜를 베푸시며 주의 많은 긍휼을 따라 내 죄악을 지워 주소서 나의 죄악을 말갛게 씻으시며 나의 죄를 깨끗이 제하소서 무릇 나는 내 죄과를 아오니 내 죄가 항상 내 앞에 있나이다 내가 주께만 범죄하여 주의 목전에 악을 행하였사오니 주께서 말씀하실 때에 의로우시다 하고 주께서 심판하실 때에 순전하시다 하리이다 내가 죄악 중에서 출생하였음이여 어머니가 죄 중에서 나를 잉태하였나이다 보소서 주께서는 중심이 진실함을 원하시오니 내게 지혜를 은밀히 가르치시리이다 우슬초로 나를 정결하게 하소서 내가 정하리이다 나의 죄를 씻어 주소서 내가 눈보다 희리이다
>
> - 시편 51:1-7

성경 본문은 다윗이 밧세바와 동침한 후 선지자 나단이 그에게 왔을 때 죄를 고백하며 부르짖는 기도의 모습입니다.

셋째, 감사

> 아무 것도 염려하지 말고 다만 모든 일에 기도와 간구로, 너희 구할 것을 감사함으로 하나님께 아뢰라
>
> - 빌립보서 4:6

하나님에 대한 감사의 마음을 구체적으로 표현하는 것이 감사의 기도입니다. 감사의 기도는 하나님께 영광을 돌려 드리는 방법이요 하나님께 풍성한 축복을 받는 통로입니다.

> 보옵소서 내게 큰 고통을 더하신 것은 내게 평안을 주려 하심이라 주께서 내 영혼을 사랑하사 멸망의 구덩이에서 건지셨고 내 모든 죄를 주의 등 뒤에 던지셨나이다 스올이 주께 감사하지 못하며 사망이 주를 찬양하지 못하며 구덩이에 들어간 자가 주의 신실을 바라지 못하되 오직 산 자 곧 산 자는 오늘 내가 하는 것과 같이 주께 감사하며 주의 신실을 아버지가 그의 자녀에게 알게 하리이다 여호와께서 나를 구원하시리니 우리가 종신토록 여호와의 전에서 수금으로 나의 노래를 노래하리로다
>
> - 이사야 38:17-20

히스기야가 병들어 죽게 되었습니다. 이에 하나님께 간구의 기도를 드렸습니다. 하나님께서 눈물의 기도를 들으시고 생명을 15년 더 연장시켜 주시었습니다. 히스기야는 생명을 연장해 주신 하나님께 감사의 기도를 드렸습니다.

넷째, 간구

간곡히 구하여 이르되 내 어린 딸이 죽게 되었사오니 오셔서 그 위에

손을 얹으사 그로 구원을 받아 살게 하소서 하거늘

- 마가복음 5:23

　기도의 대부분은 우리의 필요한 것을 하나님께 구하는 것입니다. 하나님은 우리의 간구를 들으시고 응답해 주십니다.

기도 시간

이 시대를 살아가고 있는 대부분의 성도는 하나같이 기도할 시간이 없다고 말합니다. 하루 기도를 얼마나 하십니까? 혹 기도를 하지 않고 있습니까? 이와 같은 기도 시간의 문제는 단순히 물리적인 시간을 늘리는 것도 중요하지만 성경에서 나타난 기도 시간의 의미를 아는 것이 더 중요합니다. 기도 시간의 의미를 알 때 기도에 대한 의욕과 열정이 생기기 때문입니다.

1. 성경적인 기도 시간

쉬지 말고 기도하라

- 데살로니가전서 5:17

성경에서는 몇 시간을 기도하라고 정해 놓지 않고 "쉬지 말고 기도하라"라고 말씀하고 있습니다. 그러면 '쉬지 말고' 기도하라는 뜻이 무엇인지 알 필요가 있습니다. '쉬지 말고' 기도하라는 뜻은 물리적인 시간으로서 하루 24시간 종일 기도하라는 뜻은 아닙니다.

첫째, 육신이 쉬지 않고 호흡하듯이 영적으로도 쉬지 않고 호흡하라는 뜻입니다.

즉 영혼의 호흡인 기도를 하라는 뜻입니다. 우리의 몸은 입과 코를 통하여 쉬지 않고 호흡을 합니다. 이와 같이 영혼도 쉬지 않고 호흡을 하여야 합니다. 영혼이 호흡하는 방법은 기도입니다. 쉬지 말고 기도하라는 의미는 육신이 쉬지 않고 호흡하듯이 영적으로 쉬지 않고 기도하라는 뜻입니다. 즉 기도의 생활화와 습관화를 의미합니다.

둘째, 매 순간 기도하라 뜻입니다.

'쉬지 말고'를 공동번역 성경은 '늘', 새 번역 성경은 '끊임없이'라고 번역하였습니다. 항상 "하나님 아버지를 찬양합니다. 하나님 아버지 감사합니다. 하나님 아버지 용서해 주세요. 하나님 아버지 도와주세요"가 되어야 합니다.

셋째, 기도를 포기하지 말라는 뜻입니다.

'쉬지 말고'를 다른 말로 표현하면 '계속한다', '멈추지 않는다', '포기하지 않는다'입니다. 그러므로 '쉬지 말고' 기도한다는 것은 기도를 포기하지 않는다, 기도를 계속한다, 기도를 멈추지 않는다는 뜻입니다.

2. 성경에 나타나 있는 기도 시간

첫째, 구약시대 유대인들의 기도 시간

> 다니엘이 이 조서에 왕의 도장이 찍힌 것을 알고도 자기 집에 돌아가
> 서는 윗방에 올라가 예루살렘으로 향한 창문을 열고 전에 하던 대로
> 하루 세 번씩 무릎을 꿇고 기도하며 그의 하나님께 감사하였더라
>
> - 다니엘 6:10

> 나는 하나님께 부르짖으리니 여호와께서 나를 구원하시리로다 저녁
> 과 아침과 정오에 내가 근심하여 탄식하리니 여호와께서 내 소리를
> 들으시리로다
>
> - 시편55:16-17

구약의 유대인들은 하루 세 번씩 일정한 시간에 일정한 장소에서 규칙적으로 하나님께 기도했음을 잘 보여 주고 있습니다.

둘째, 예수님의 기도 시간

> 예수께서 나가사 습관을 따라 감람산에 가시매 제자들도 따라갔더니
>
> - 누가복음 22:39

예수께서는 평소 습관에 따라 규칙적으로 기도하셨습니다.

> 이에 예수께서 제자들과 함께 겟세마네라 하는 곳에 이르러 제자들에게 이르시되 내가 저기 가서 기도할 동안에 너희는 여기 앉아 있으라 하시고
>
> — 마태복음 26:36

> 이때에 예수께서 기도하시러 산으로 가사 밤이 새도록 하나님께 기도하시고
>
> — 누가복음 6:12

예수님께서는 열두 제자를 선택하기 전날 밤에도, 십자가를 지기 전날 밤에도 기도하셨습니다.

셋째, 초대교회의 기도 시간

> 제 구 시 기도 시간에 베드로와 요한이 성전에 올라갈새
>
> — 사도행전 3:1

> 이튿날 그들이 길을 가다가 그 성에 가까이 갔을 그때에 베드로가 기도하려고 지붕에 올라가니 그 시각은 제 육 시더라
>
> — 사도행전 10:9

초대교회 사도들과 성도들은 일정한 시간(제 육시, 제 구시)을 정해 놓고 규칙적으로 기도했습니다.

넷째, 사람들의 기도 시간

마틴 루터의 하루 기도 시간은 3시간이며 존 낙스와 EM 바운즈는 새벽 3시간, 요한 웨슬리는 새벽 4시간, 수, 금요일 금식 기도를 하였습니다. 기도하는 사람들은 기도 시간이 긴 것을 알 수 있습니다.

3. 기도의 거룩한 습관화

첫째, 기도의 거룩한 습관을 가져야 합니다.

예수께서 나가사 습관을 따라 감람 산에 가시매 제자들도 따라갔더니

- 누가복음 22:39

예수님은 습관에 따라 기도를 했습니다. 예수님의 제자인 우리들도 예수님의 거룩한 습관을 배워야 합니다.

둘째, 일정한 기도 시간을 정하여야 합니다.

다니엘이 이 조서에 왕의 도장이 찍힌 것을 알고도 자기 집에 돌아가
서는 윗방에 올라가 예루살렘으로 향한 창문을 열고 전에 하던 대로
하루 세 번씩 무릎을 꿇고 기도하며 그의 하나님께 감사하였더라

- 다니엘 6:10

성경 본문에서는 "하루 세 번씩 무릎을 꿇고 기도하며"라고 말
씀하고 있습니다. 기도 시간을 정하지 않으면 결코 지속적인 기도
생활을 할 수 없습니다. 기도를 아무 때나 시간이 날 때 하겠다고
하는 사람은 지속적인 기도를 하지 못합니다. 기도하는 사람은 일
정한 기도 시간을 정해야 합니다.

셋째, 이른 아침 기도가 중요합니다.

새벽 아직도 밝기 전에 예수께서 일어나 나가 한적한 곳으로 가사 거
기서 기도하시더니

- 마가복음 1:35

성경 본문에서는 "새벽 아직도 밝기 전에"라고 말씀하고 있습니다.
이른 아침 기도는 하루 일과 중 가장 중요합니다. 그 이유는 하루
의 영적 전쟁에서 승리하는 삶을 살아가기 위하여 하나님의 전신갑
주를 입는 시간이며, 성령의 능력으로 살아갈 수 있도록 성령 충만하
는 시간이며, 하나님께 하나님의 뜻을 구하는 시간이기 때문입니다.

기도 장소

우리는 주로 섬기는 교회나 집에서 기도를 많이 하고 있습니다. 그러나 특정 기도 장소를 선호하는 경향도 있습니다. 어느 기도원에서 기도하면 기도 응답이 잘 된다, 어느 산에서 기도하면 기도 효험이 좋다. 꼭 교회당에서 기도해야 응답이 된다는 등 기도 장소에 대한 남다른 애착을 가지고 있는 경향이 있습니다. 이는 비성경적입니다, 그러면 성경에서 말하는 기도 장소에 대하여 알아보겠습니다.

1. 성경 속의 기도 장소

성경 속의 기도 장소는 성전(행3:1), 강가(스8:21), 바닷가(행21:5), 집(행10:30), 골방(마6:6), 다락방(행9:39,40), 감옥(행12:5), 물고기 뱃속(욘2:1) 등 어느 특정 장소에 집착하기보다는 다양한 장소에서 기도를 드린 것을 알 수 있습니다.

2. 성경적 기도 장소의 특징

기도 장소를 정하는 것은 중요합니다. 우리가 정해 놓은 시간마다 갈 수 있고 또 누군가 들어와서 방해하는 일이 전혀 없는 장소가 되어야 합니다. 성경 속의 기도 장소를 종합 분석하면 3가지의 특징이 있습니다. 한적한 곳, 은밀한 곳, 다양한 곳입니다. 기도 장소를 정할 때 이와 같은 3가지만 충족되면 그곳이 교회가 되었든지 집이 되었든지 회사가 되었든지 문제가 되지 않습니다.

첫째, 한적한 곳

새벽 아직도 밝기 전에 예수께서 일어나 나가 한적한 곳으로 가사 거기서 기도하시더니

- 마가복음 1:35

성경 본문에서는 "예수는 (…) 한적한 곳에서 기도하시니라"라고 말씀하고 있습니다. 앞에서 본 성경적인 기도 장소의 공통점은 한적한 곳입니다.

둘째, 은밀한 곳

너는 기도할 때에 네 골방에 들어가 문을 닫고 은밀한 중에 계신 네

아버지께 기도하라 은밀한 중에 보시는 네 아버지께서 갚으시리라

- 마태복음 6:6

성경 본문에서는 "은밀한 중에 계신 네 아버지께 기도하라"라고 말씀하고 있습니다. 예수님은 우리가 기도할 때 골방에 들어가서 문을 닫고 은밀한 중에 계시면서 우리의 기도를 듣고 계시는 우리 아버지께 기도하라고 명하였습니다. 이 말씀은 무엇보다도 기도에 있어서 은밀성의 필요를 강조하고 있습니다.

셋째, 다양한 곳

성경에 기도 장소가 다양하게 나오는 것은 우리가 어느 곳에서 기도해도 하나님이 들으신다는 것을 의미합니다. 하나님은 편재하신 분입니다. 우리가 기도할 필요가 있을 때 한적하고 은밀한 곳이며 어느 곳에서 기도해도 무방합니다.

3. 기도 대상이신 하나님과 기도 장소와의 관계

내가 주의 영을 떠나 어디로 가며 주의 앞에서 어디로 피하리이까 내가 하늘에 올라갈지라도 거기 계시며 스올에 내 자리를 펼지라도 거기 계시니이다 내가 새벽 날개를 치며 바다 끝에 가서 거주할지라

도 거기서도 주의 손이 나를 인도하시며 주의 오른손이 나를 붙드
시리이다

- 시편 139:7-10

하나님은 편재(遍在)하는 분이십니다. 편재란 널리 퍼져 있음을
뜻합니다. 성경 본문에서는 "내가 하늘에 올라갈지라도 거기 계시
며 스올에 내 자리를 펼지라도 거기 계시니이다"라고 말씀하고 있
습니다. 하나님은 모든 시공간을 초월하여 계시는 분이십니다. 우
리가 어디에서 기도를 하더라도 하나님은 듣고 응답하십니다.

우리 조상들은 이 산에서 예배하였는데 당신들의 말은 예배할 곳이
예루살렘에 있다 하더이다 예수께서 이르시되 여자여 내 말을 믿으
라 이 산에서도 말고 예루살렘에서도 말고 너희가 아버지께 예배할
때가 이르리라 너희는 알지 못하는 것을 예배하고 우리는 아는 것을
예배하노니 이는 구원이 유대인에게서 남이라 아버지께 참되게 예배
하는 자들은 영과 진리로 예배할 때가 오나니 곧 이때라 아버지께서
는 자기에게 이렇게 예배하는 자들을 찾으시느니라 하나님은 영이시
니 예배하는 자가 영과 진리로 예배할지니라

- 요한복음 4:20-24

모든 기도와 간구를 하되 항상 성령 안에서 기도하고 이를 위하여 깨
어 구하기를 항상 힘쓰며 여러 성도를 위하여 구하라

- 에베소서 6:18

성경 본문에서는 "이 산에서도 말고 예루살렘에서도 말고", "예배하는 자가 영과 진리로 예배할지니라"라고 말씀하고 있습니다. 예배는 장소의 문제가 아니고 예배를 드리는 마음과 자세입니다. 기도도 예배처럼 장소가 문제되지 않습니다. 성경 본문에서는 "모든 기도와 간구를 하되 항상 성령 안에서 기도하고"라고 말씀하고 있습니다. 즉 성령 안에서 기도하면 됩니다.

> 하나님이 이르시되 이리로 가까이 오지 말라 네가 선 곳은 거룩한 땅이니 네 발에서 신을 벗으라
>
> - 출애굽기 3:5

성경 본문에서는 "네가 선 곳에 거룩한 땅이니"라고 말씀하고 있습니다. 우리가 어디서 하나님을 찾든지 하나님은 우리를 만나주십니다. 하나님이 우리를 만나주시는 모든 곳이 거룩한 곳입니다. 어디서든지 하나님 앞에서 진심으로 믿음을 가지고 집중해서 기도하면 됩니다.

Chapter 8

기도는
어떻게 훈련합니까?

· 주기도문에 의한 기도 훈련
· 사도신경에 의한 기도 훈련
· 성경 말씀에 의한 기도 훈련

주기도문에 의한 기도 훈련

1. 주기도문이란 무엇입니까?

그러므로 너희는 이렇게 기도하라 하늘에 계신 우리 아버지여 이름이 거룩히 여김을 받으시오며 나라가 임하시오며 뜻이 하늘에서 이루어진 것 같이 땅에서도 이루어지이다 오늘 우리에게 일용할 양식을 주시옵고 우리가 우리에게 죄 지은 자를 사하여 준 것 같이 우리 죄를 사하여 주시옵고 우리를 시험에 들게 하지 마시옵고 다만 악에서 구하시옵소서(나라와 권세와 영광이 아버지께 영원히 있사옵나이다 아멘)

- 마태복음 6:9-13

성경 본문에서는 "너희는 이렇게 기도하라"라고 말씀하고 있습니다. 예수님께서 제자들에게 모범 기도라 일컬어지는 주기도문을 가르쳐 주시었습니다. 이는 기도가 무엇이며 어떤 내용으로 기도해야 할 것인지, 무엇부터 기도할 것인지를 가르쳐 주신 기도문입니다.

2. 주기도문의 특성

첫째, 기도 내용은 하나님이 우선이며 중심입니다.

주기도문은 "하늘에 계신 아버지여"로 시작해서 "나라와 권세와 영광이 아버지께 영원히 있사옵나이다"로 끝납니다. 즉 기도는 하나님으로부터 시작하여 하나님으로 마치는 것을 보여 줍니다. 그리고 기도 내용 앞뒤를 하나님이 감싸 주고 있습니다. 이는 기도가 하나님 안에서 이루어지는 것을 보여 줍니다. 즉 기도는 하나님이 우선이며 중심이라는 것을 나타냅니다.

둘째, 기도 내용이 단순하고 간단명료합니다.

하나님에 대한 우리의 기도는 "천지만물을 창조하시고 만물을 주권적으로 다스리시는 사랑과 은혜가 많으신 하나님 아버지"로 수식이 깁니다. 그러나 주기도문은 단순합니다. "하늘에 계신 우리 아버지여"입니다. 다른 간구도 "오늘날 우리에게 일용할 양식을 주옵시고"처럼 간단명료합니다.

셋째, 기도 내용이 다양하지만 간결합니다.

우리의 기도는 말은 많지만 진작 구하는 것은 적습니다. 즉 기도의 효율성이 떨어진다는 말입니다. 그러나 주기도문은 적은 말로 많은 것을 아뢰는 것입니다. 기도의 효율성이 매우 높습니다. 그 이유는 중언부언(重言復言) 즉 같은 말을 계속 되풀이하지 않기 때문입니다.

3. 주기도문의 내용에 대한 이해

머리말, "하늘에 계신 우리 아버지여"

'하늘에 계신'의 의미는 하나님은 이 땅에 있는 우리와 같은 분이 아니라 완전히 구별되며 하늘의 영광 가운데 계신 절대자라는 뜻입니다. 그러므로 우리는 경외한 마음으로, 순종하는 마음으로 하나님 앞으로 나아가야 합니다. '우리'라는 의미는 나만의 아버지가 아니라 우리 모두의 아버지가 되시며, 나 개인을 위한 기도만이 아니라 다른 사람을 위한 기도도 해야 하며, 다른 사람들과 함께 기도해야 한다는 교회 공동체를 뜻합니다. '아버지'라는 의미는 하나님의 자녀인 우리와 하나님과의 관계가 부자관계이며 우리는 하나님 아버지의 사랑과 은혜를 생각하며 하나님 앞으로 나아가야 한다는 뜻입니다.

첫째 기원, "이름이 거룩히 여김을 받으시오며"

공동번역 성경에는 "온 세상이 아버지를 하나님으로 받들게 하시며"라고 번역되어 있습니다. 즉 우리 모두가 하나님을 영광스럽게 거룩하게 받들어 모셔야 한다는 뜻입니다.

둘째 기원, "나라가 임하옵시며"

공동번역 성경에는 "아버지의 나라가 오게 하시며"라고 번역되어 있습니다. 즉 아버지의 나라는 하나님의 통치가 이뤄지는 곳, 곧 하나님의 주권이 미치는 곳입니다. 이 기도는 하나님이 우리들의 심령 가운데 우리들의 가정 가운데 사업장 가운데 교회 공동체 가운데 나라 가운데 하나님의 임재하심과 통치하심이 이루어지길 원한다는 우리의 고백입니다.

셋째 기원, "뜻이 하늘에서 이루어진 것 같이 땅에서도 이루러지어다"

공동번역 성경에는 "아버지의 뜻이 하늘에서와 같이 땅에서도 이루어지게 하소서"라고 번역되어 있습니다. 즉 하나님이 이 땅에 임재하시어 하나님의 뜻에 따라 다스리시고 하나님의 뜻이 이루어지는 것을 뜻합니다.

넷째 기원, "오늘 우리에게 일용할 양식을 주시옵고"

공동번역 성경에는 "오늘 우리에게 필요한 양식을 주시고"라고 번역되어 있습니다. 즉 우리에게 있는 양식은 바로 하나님의 은혜임을 기억하라는 것입니다. 그리고 하루하루 살아가는 데 필요한 영육 간의 양식을 매일매일 우리의 필요를 채워 주시는 하나님의 은혜를 깨닫고 살아가라는 뜻입니다.

다섯째 기원, "우리가 우리에게 죄 지은 자를 사하여 준 것 같이 우리의 죄를 사하여 주시옵고"

우리가 우리에게 잘못한 이를 용서했기 때문에 하나님도 우리를 용서해달라는 뜻이 아닙니다. 하나님께서 우리를 용서하신 은혜를 기억하며 우리는 우리에게 죄 지은 사람을 용서해야 한다는 뜻입니다.

여섯째 기원, "우리를 시험에 들게 하지 마시옵고 다만 악에서 구하옵소서"

공동번역 성경에는 "우리를 유혹에 빠지지 않게 하시고 악에서 구하소서"라고 번역되어 있습니다. 즉 세상은 우리를 넘어뜨리는 시험과 유혹이 가득한 곳입니다. 또한 우리는 이 땅에서 하나님의 보호하심과 인도하심이 없이 바르게 살아갈 수 없는 연약한 존재입니다. 그러므로 우리의 적인 세상으로부터 육체로부터 사탄으로

부터 유혹과 정욕과 미혹에 빠지지 않도록 그리고 악을 이길 수 있도록 구하라는 뜻입니다.

결론, "나라와 권세와 영광이 아버지께 영원히 있사옵나이다. 아멘"

기도 마지막에 "나라와 권세와 영광이 아버지께 영원히 있사옵나이다"라고 하는 이유는 기도는 하나님께 영광을 드리는 것임을 분명히 하는데 있습니다. 그리고 아멘으로 마무리하는 것은 기도는 말이 아니라 기도한 대로 실천하는 것임을 인식하기 위함입니다.

4. 주기도문으로 기도 드리는 방법

머리말, "하늘에 계신 우리 아버지여"

기도 포인트는 하나님을 경외하는 마음으로 하나님께서 하신 일들에 대해 감사와 영광과 찬양을 드리는 내용으로 기도하면 됩니다. 예를 들면 다음과 같이 기도하면 됩니다.

"사랑과 은혜가 풍성한 하나님 아버지 아버지의 사랑과 은혜에 감사하며 영광과 찬양을 올려 드립니다."

첫째 기원, "이름이 거룩히 여김을 받으시오며"

기도 포인트는 하나님을 찬양하며 하나님의 속성과 성품을 높여 드리는 내용으로 기도하면 됩니다. 예를 들면 다음과 같이 기도하면 됩니다.

"하나님 아버지 오늘 하루 하나님의 영광을 위하여 살기를 원합니다. 하나님의 거룩한 이름을 세상에 널리 알리며 살아가기를 원합니다. 하나님의 이름을 찬양하며 살아가기를 원합니다. 저의 바른 삶을 통하여 믿지 않는 사람들이 하나님께 영광 돌릴 수 있도록 하기를 원합니다. 하나님 아버지 저를 하나님의 뜻 가운데로 인도하여 주시옵소서."

둘째 기원, "나라가 임하옵시며"

기도 포인트는 하나님의 나라가 우리의 모든 영역 가운데 실현되기를 기원하면 됩니다. 나라와 민족 가운데, 교회 가운데, 가정 가운데, 사업장 가운데, 우리의 심령 가운데 하나님의 나라가 임하시길 기도하면 됩니다. 예를 들면 다음과 같이 기도하면 됩니다.

"하나님 아버지 오늘 만나는 사람과 모임 등 여러 현장 속에서 오직 하나님의 나라가 실현되게 하소서. 제가 거하는 모든 곳에 평화와 기쁨과 사랑이 넘치는 곳이 되게 하소서.", "하나님 아버지 평화, 공의, 사랑과 기쁨이 넘치는 나라인 하나님의 나라가 나라와 민족, 교회와 가정, 사업장, 그리고 우리의 심령 가운데에 임하소서."

셋째 기원, "뜻이 하늘에서 이루진 것 같이 땅에서도 이루어지이다"

기도 포인트는 우리의 뜻이 아닌 하나님의 뜻대로 통치하심을 간절히 사모하며 기도하면 됩니다. 예를 들면 다음과 같이 기도하면 됩니다.

"하나님 아버지 오늘 하루 저의 뜻이 아닌 하나님의 뜻대로 다스리는 하루가 되기를 원합니다. 나라와 민족 가운데 교회 가운데 사업장 가운데 가정 가운데 우리의 심령 가운데 임하시어 하나님의 뜻대로 다스려 주시고 하나님의 뜻이 이루어지는 하루 되게 하소서."

넷째 기원, "오늘 우리에게 일용할 양식을 주시옵고"

기도 포인트는 그날에 채워야 할 필요가 있는 문제를 마음에 떠올리기 바랍니다. 우리와 다른 사람들에게 필요한 문제를 하나님께 구하기 바랍니다. 예를 들면 다음과 같이 기도하면 됩니다.

"하나님 아버지 하루의 삶 속에서 먹고 입고 자고 거하는 일에 부족함이 없게 하소서. 건강을 주셔서 주님의 일을 잘 감당하게 하시고 주님의 이름을 욕되지 않게 하도록 저의 생활을 축복하소서. 필요한 물질도 공급해 주셔서 부족함이 없게 하소서. 하나님 아버지 직장이 필요합니다. 직장을 구하기 위해 노력했지만 아직 직장을 구하지 못했습니다. 아버지 제가 일할 수 있도록 직장을 허락하여 주시고 열심히 일을 할 수 있도록 허락하여 주시옵소서. 일할 수 있는 건강 등 모든 여건을 허락하여 주시옵소서."

다섯째 기원, "우리가 우리에게 죄 지은 자를 사하여 준 것 같이 우리 죄를 사하여 주시옵고"

기도 포인트는 지난 일을 생각하며 자신을 살펴보는 시간을 갖는 것입니다. 최근 화나게 했거나 상처를 입혀 여전히 용서 못하고 있는 사람이 있습니까? 그렇다면 바로 지금이 그들을 용서하고 주님이 깨끗이 씻어 주심을 받을 때입니다. 예들 들면 다음과 같이 기도하면 됩니다.

"저의 형제 중 ○○○을 용서하게 하시고 용서할 수 있는 믿음을 주소서. 서로의 관계가 회복되도록 도와주시옵소서.", "주님 우리 마음에 잊을 수 없는 상처를 준 사람이 있습니다. 용서하고 싶지만 내 뜻대로 되지 않습니다. 성령님 도와주소서. 용서의 마음을 허락하소서."

여섯째 기원, "우리를 시험에 들게 하지 마시옵고 다만 악에서 구하시옵소서."

먼저 "우리를 시험에 들게 하지 마시옵고"에 대한 내용입니다 기도 포인트는 항상 하나님께 시험에 들지 않게 구하여야 합니다. 예를 들면 다음과 같이 기도하면 됩니다.

"하나님 아버지 세상 속에서 살아갈 때 시험에 들지 않게 도와주시옵소서. 사탄의 끝없는 시험을 이길 수 있도록 말씀과 기도에 충실하게 하소서. 시험이 몰려오더라도 거뜬히 이길 수 있도록 지혜와 능력을 주시옵소서."

다음은, "다만 악에서 구하시옵소서"에 대한 내용입니다. 기도 포인트는 하나님께 유혹을 이겨낼 힘을 주시도록 기도하면 됩니다. 예를 들면 다음과 같이 기도하면 됩니다.

"하나님 아버지 육신의 정욕으로부터 세상의 유혹으로부터 사탄의 미혹으로부터 지켜 보호해 주시옵소서. 저희들에게 하나님의 전신갑주를 입혀 주시어 어떠한 유혹과 미혹이 저희들을 공격할지라도 믿음의 방패로 막아주시고 성령의 검인 말씀으로 물리쳐 주시옵소서."

결론, "나라와 권세와 영광이 아버지께 영원히 있사옵나이다."

기도 포인트는 기도의 목적이 하나님께 영광을 드리는 것임을 다시 한 번 더 인식하고 기도대로 실천하며 살겠다는 마음으로 기도하면 됩니다. 예를 들면 다음과 같이 기도하면 됩니다.

"하나님 아버지 오늘도 주님만 높이며 하나님께 영광을 돌리는 삶이 되게 하소서. 주님을 기쁘게 하는 생활이 되게 하소서. 주님의 말씀대로 살아갈 수 있도록 인도하여 주시옵소서. 예수님의 이름으로 기도합니다. 아멘."

사도신경에 의한 기도 훈련

1. 사도신경이란 무엇입니까?

전능하사 천지를 만드신 하나님 아버지를 내가 믿사오며, 그 외아들
우리 주 예수 그리스도를 믿사오니, 이는 성령으로 잉태하사 동정녀
마리아에게 나시고, 본디오 빌라도에게 고난을 받으사, 십자가에 못
박혀 죽으시고, 장사한 지 사흘 만에 죽은 자 가운데 다시 살아나시
며, 하늘에 오르사, 전능하신 하나님 우편에 앉아 계시다가, 저리로서
산 자와 죽은 자를 심판하러 오시리라. 성령을 믿사오며, 거룩한 공회
와, 성도가 서로 교통하는 것과, 죄를 사하여 주시는 것과, 몸이 다시
사는 것과, 영원히 사는 것을 믿사옵나이다. 아멘

사도신경은 신앙 고백이며 기독교 신앙의 근본적인 교리이며 성
경 66권을 종합하여 요약 정리한 것이라 말할 수 있습니다.

2. 왜 사도신경을 알아야 합니까?

우리는 무엇을 믿는지 알아야 합니다. 또한 삼위일체 하나님(성부, 성자, 성령 하나님)에 대하여 알아야 합니다. 그리고 장차 이루실 약속이 무엇인지 분명히 알고 믿어야 합니다. 그리고 사도신경을 통하여 우리의 믿음을 확실히 알고 진실하게 우리의 신앙을 고백하여야 합니다.

3. 사도신경에 대한 이해

사도신경은 6개 부분으로 구성되어 있습니다. 삼위일체 하나님, 거룩한 교회, 성도의 교통, 죄의 용서, 몸의 부활, 영생입니다

첫째, 삼위일체 하나님

삼위일체 하나님이란 본질상 한 분이시나(본질상 동일함) 이 한 분 안에 성부, 성자, 성령이라 불리는 삼위가 존재한다(위격상 동일하지 않음)는 말입니다.

① 성부 하나님 "전능하사 천지를 만드신 하나님 아버지를 내가 믿사오며"

우리는 성부 하나님을 전능하신 하나님으로, 창조주 하나님으로, 아버지 하나님으로 믿는다는 뜻입니다.

② 성자 예수님

"그 외아들 우리 주 예수 그리스도를 믿사오니, 이는 성령으로 잉태하사 동정녀 마리아에게 나시고, 본디오 빌라도에게 고난을 받으사, 십자가에 못박혀 죽으시고, 장사한 지 사흘 만에 죽은 자 가운데서 다시 살아나시며, 하늘에 오르사, 전능하신 하나님 우편에 앉아 계시다가, 저리로서 산자와 죽은 자를 심판하러 오시리라."

우리는 성자 예수님을 하나님의 독생자로, 우리 주 예수 그리스도로, 성령으로 잉태하신 분으로, 고난을 받고 십자가에 죽으신 분으로, 부활하신 주님으로, 승천하여 하나님 우편에 계신 분으로, 심판주로 다시 오실 분으로 믿는다는 뜻입니다.

③ 성령 하나님 "성령을 믿사오며"

우리는 성령 하나님은 인격체로서의 하나님이며 우리 심령 속에서 내재하심을 믿는다는 뜻입니다.

둘째, 거룩한 교회 "거룩한 공회와"

우리는 교회의 실재를, 거룩한 공회를 믿는다는 뜻입니다.

셋째, 성도의 교통 "성도가 서로 교통하는 것"

우리는 교회를 통한 성도 간의 교제를, 믿음 안에서 교제해야 함을 믿는다는 뜻입니다.

넷째, 죄의 용서 "죄를 사하여 주시는 것"

우리는 이미 영원히 단번에 죄 용서 받았음을 믿는다는 뜻입니다.

다섯째, 몸의 부활 "몸이 다시 사는 것"

우리는 육체의 부활을 믿습니다. 사람이 죽은 후 영혼이 육체와 분리되어 육은 흙으로 돌아가고 영혼은 낙원에 있다가 주님이 재림하실 때 다시 신령한 육체와 연합하여 부활한다는 것을 믿는다는 뜻입니다.

여섯째, 영생 "영원히 사는 것"

우리는 이 땅에서 죽음으로 끝나는 것이 아니라 천국에서 영원히 기쁨 가운데 사는 것을 믿는다는 뜻입니다.

4. 사도신경으로 기도 드리는 방법

첫째, 삼위일체 하나님

① 성부 하나님 "전능하사 천지를 만드신 하나님 아버지를 내가 믿사오니"

기도 포인트는 전능하시고 창조주가 되시는 하나님을 찬양하며 또한 전능하시고 만물을 창조하신 하나님이 우리 아버지가 되심을 믿는다는 기도를 드리면 됩니다. 예를 들면 다음과 같이 기도하면 됩니다.

> "전능하신 하나님 아버지를 찬양합니다. 만물을 창조하신 창조주 하나님을 찬양합니다. 하나님은 전능하신 분임을 믿습니다. 만물을 창조하신 분임을 믿습니다. 그리고 우리 아버지 되심을 믿습니다."

② 성자 하나님

> "그 외아들 우리 주 예수 그리스도를 믿사오니, 이는 성령으로 잉태하사 동정녀 마리아에게 나시고, 본디오 빌라도에게 고난을 받으사, 십자가에 못박혀 죽으시고, 장사한 지 사흘 만에 죽은 자 가운데서 다시 살아나시며, 하늘에 오르사, 전능하신 하나님 우편에 앉아 계시다

가, 저리로서 산자와 죽은 자를 심판하러 오시리라."

기도 포인트는 예수님에 대한 우리의 신앙 고백입니다. 예수님은 유일하신 하나님의 아들임을 믿고 기도해야 합니다. 예수님은 우리의 주인이시며 우리를 죄악에서 구원하신 구세주로 믿고 기도해야 합니다. 또한 예수님은 참사람이며 참 하나님이심을 믿고 하나님과 죄인인 우리들 사이에 교량 역할을 하신다는 것을 믿고 기도해야 합니다. 예수님은 우리의 죄를 사하기 위하여 고난을 받으시고 십자가에 죽으심을 믿고 그로 인하여 우리는 구원을 받았다는 것에 감사하며 기도해야 합니다. 예수님은 죽음의 권세를 이기고 부활하셨으므로 우리가 완전히 우리의 죄를 용서받음을 믿고 예수님을 찬양해야 합니다. 주님은 오늘도 교회를 다스리시고 우주를 다스리십니다. 그리고 심판주로 다시 오실 주님을 기다리며 경건하게 살아갈 수 있도록 기도해야 합니다. 예를 들면 다음과 같이 기도하면 됩니다.

"예수 그리스도를 찬양합니다. 예수님은 하나님의 독생자이심을 믿습니다. 예수님은 우리의 구세주요 주가 되심을 믿습니다. 예수님은 참사람이며 참 하나님이 되심을 믿습니다. 예수님은 하나님과 우리 사이에 교량역할을 하신 중보자 되심을 믿습니다. 십자가의 죽으심으로 죄인인 우리들을 구원해 주심을 믿습니다. 육체 부활하심과 승천하심을 믿습니다. 하나님의 우편에서 세상을 다스림을 믿습니다. 심판주로 다시 오실 것을 믿습니다."

③ 성령 하나님 "성령을 믿사오며"

기도 포인트는 성령님의 도우심입니다. 인격적인 성령님은 때로 탄식하시고 우리를 가르치시고 감동주심을 믿고 성령 충만의 기도를 해야 합니다. 우리는 성령을 소멸치 말고 순종하며 성령의 지배 속에 살아가야 합니다. 이를 위하여 성령 충만하도록 기도해야 합니다. 예를 들면 다음과 같이 기도하면 됩니다.

"하나님 아버지 성령님이 우리들을 가르쳐 주시고 깨닫게 하시고 하나님의 뜻 가운데로 인도하시고 성령의 열매를 맺어 살아가게, 성령 충만하게 하시옵소서. 거듭나게 하시고 우리들 속에 역사하시는 성령님을 찬양합니다. 우리들의 의지나 능력이 아닌 성령님의 능력으로 살아가는 우리들이 되게 성령님께서 다스려 주시옵소서. 성령 충만하게 하시옵소서."

둘째, 거룩한 교회 "거룩한 공회"

기도 포인트는 거룩한 교회의 사명입니다. 교회다운 교회, 말씀과 성령이 역사하는 교회가 되게 기도해야 합니다. 인종이나 계급과 빈부귀천 남녀노소를 막론하고 전 세계에 있는 모든 성도는 한 교회요 한 형제라는 믿음을 가지고 기도해야 합니다. 예를 들면 다음과 같이 기도하면 됩니다.

"교회의 머리가 되시는 주님 우리들의 교회가 교회다운 교회가 되게 하시고 항상 말씀과 성령이 살아 움직이는 교회가 되게 인도하여 주시옵소서. 하나님 아버지 교회에게 주어진 사명을 잘 감당하게 하시고 전 세계에 있는 믿음의 형제들이 주 안에서 하나님의 은혜가운데 하나님의 뜻에 합당한 삶을 살아가게 인도하여 주시옵소서."

셋째, 성도의 교통 "성도가 서로 교통하는 것"

기도 포인트는 성도의 교제입니다. 예수 그리스도는 교회의 머리이고 우리는 그의 몸, 즉 지체이기 때문에 우리는 교회를 통한 성도의 교제가 있어야 합니다. 그러므로 교회를 통하여 한 마음 한 뜻으로 성도 간의 교제가 이루어질 수 있도록 기도해야 합니다. 예를 들면 다음과 같이 기도하면 됩니다.

"하나님 아버지 저 혼자 신앙생활을 할 수 없음을 고백합니다. 교회에서 성도의 친교를 통하여 신앙이 성숙할 수 있도록 인도하여 주시옵소서. 하나님 아버지 믿음 안에서 성도들의 교제가 있기를 원합니다. 하나님을 향한 한 마음으로 하나님 사랑 이웃사랑의 마음으로 성도들의 교제가 이루어지게 우리들을 인도하여 주시옵소서."

넷째, 죄의 용서 "죄를 사하여 주시는 것"

기도 포인트는 죄에 대한 회개입니다. 우리는 예수님의 대속의 죽음으로 인해 모든 죄가 영원히 용서받았음을 감사해야 합니다. 그리고 우리는 우리가 짓는 죄를 자복하고 회개할 때 반드시 용서 받음을 믿음으로 매 순간 회개의 기도를 하여야 합니다. 예를 들면 다음과 같이 기도하면 됩니다.

"하나님 아버지 죄와 허물 많은 우리들을 예수님 십자가의 보혈로 용서하시고 하나님의 자녀 삼아 주시고 영원한 생명을 주심을 감사합니다. 그리고 하나님 아버지 오늘 하루를 뒤돌아보며 회개합니다. 오늘 하루 알고 지은 죄 모르고 지은 죄 이 시간 하나님께 용서를 구합니다. 우리들의 죄를 용서하여 주시옵소서."

다섯째, 몸의 부활 "몸이 다시 사는 것"

기도 포인트는 우리의 부활에 대한 소망입니다. 주님의 부활뿐만 아니라 우리 자신도 육체적으로 부활하는 것을 믿고 살아가게 도와달라는 기도를 하여야 합니다. 예를 들면 다음과 같이 기도하면 됩니다.

"하나님 아버지 예수님이 육체적인 부활을 하듯이 우리들도 육체적

으로 부활하는 것을 믿습니다. 이 믿음이 변치 않고 부활의 소망을
바라보고 살아갈 수 있도록 도와주시옵소서."

여섯째, 영생 "영원히 사는 것"

기도 포인트는 영원한 삶에 대한 소망입니다. 천국에서 영원히
사는 소망을 바라보고 현재를 살아가는 우리가 되게 기도하여야
합니다. 예를 들면 다음과 같이 기도하면 됩니다.

"하나님 아버지 천국소망을 주시니 감사합니다. 현재 삶이 힘들고 어
렵더라도 천국소망 바라보면 기쁨이 넘쳐 인내하며 살아가게 인도하
여 주시옵소서."

성경 말씀에 의한 기도 훈련

1. 성경 말씀에 의한 기도란 무엇입니까?

성경 말씀에 의한 기도란 성경 말씀에 기초하여 기도하는 것을 말합니다. 하나님의 뜻에 합한 기도를 하려면 무엇보다 하나님의 특별계시인 성경 말씀이 기초가 되어야 합니다. 이때 하나님의 뜻과 일치되는 기도를 할 수 있습니다.

2. 성경 말씀으로 기도하는 방법

성경 말씀에 의한 기도 방법은 성경 본문과 똑같이 기도하는 방법과 성경 본문을 기도자 본인의 말로 바꾸어 기도하는 방법이 있습니다.

첫째, 성경 본문과 똑같이 기도하는 방법

우리는 성경에서 수많은 기도문을 만납니다. 자신의 목숨을 버릴지라도 자신의 민족인 이스라엘을 하나님의 진노에서 구원해 달라는 모세의 민족을 위한 기도, 아들을 구하는 한나의 기도, 죽음 앞에 놓인 히스기야의 기도, 구하지 아니한 존귀와 부귀까지 덤으로 얻게 되는 솔로몬의 기도, 땀이 땅에 떨어지는 핏방울 같은 예수님의 간곡한 기도, 주님이 가르쳐주신 주기도, 바울의 기도 등 다양한 기도들이 있습니다. 이들이 기도한 기도문을 나의 기도문으로 사용하여 기도하는 마음으로 한 자 한 자 또박또박 읽으면 됩니다.

① 주기도문

하늘에 계신 우리 아버지여 이름이 거룩히 여김을 받으시오며 나라가 임하시오며 뜻이 하늘에서 이루어진 것 같이 땅에서도 이루어지이다 오늘 우리에게 일용할 양식을 주시옵고 우리가 우리에게 죄 지은 자를 사하여 준 것 같이 우리 죄를 사하여 주시옵고 우리를 시험에 들게 하지 마시옵고 다만 악에서 구하시옵소서(나라와 권세와 영광이 아버지께 영원히 있사옵나이다 아멘)

② 다윗의 기도

하나님이여 주의 인자를 따라 내게 은혜를 베푸시며 주의 많은 긍휼을 따라 내 죄악을 지워 주소서 나의 죄악을 말갛게 씻으시며 나의 죄를 깨끗이 제하소서 무릇 나는 내 죄과를 아오니 내 죄가 항상 내 앞에 있나이다 내가 주께만 범죄하여 주의 목전에 악을 행하였사오니 주께서 말씀하실 때에 의로우시다 하고 주께서 심판하실 때에 순전하시다 하리이다 내가 죄악 중에서 출생하였음이여 어머니가 죄 중에서 나를 잉태하였나이다 보소서 주께서는 중심이 진실함을 원하시오니 내게 지혜를 은밀히 가르치시리이다 우슬초로 나를 정결하게 하소서 내가 정하리이다 나의 죄를 씻어 주소서 내가 눈보다 희리이다 내게 즐겁고 기쁜 소리를 들려 주시사 주께서 꺾으신 뼈들도 즐거워하게 하소서 주의 얼굴을 내 죄에서 돌이키시고 내 모든 죄악을 지워 주소서 하나님이여 내 속에 정한 마음을 창조하시고 내 안에 정직한 영을 새롭게 하소서 나를 주 앞에서 쫓아내지 마시며 주의 성령을 내게서 거두지 마소서 주의 구원의 즐거움을 내게 회복시켜 주시고 자원하는 심령을 주사 나를 붙드소서 그리하면 내가 범죄자에게 주의 도를 가르치리니 죄인들이 주께 돌아오리이다 하나님이여 나의 구원의 하나님이여 피 흘린 죄에서 나를 건지소서 내 혀가 주의 의를 높이 노래하리이다 주여 내 입술을 열어 주소서 내 입이 주를 찬송하여 전파하리이다

- 시편 51:1-15

③ 야베스의 기도

야베스가 이스라엘 하나님께 아뢰어 이르되 주께서 내게 복을 주시

려거든 나의 지역을 넓히시고 주의 손으로 나를 도우사 나로 환난을 벗어나 내게 근심이 없게 하옵소서 하였더니 하나님이 그가 구하는 것을 허락하셨더라

- 역대상 4:10

④ 바울의 기도

여러 계시를 받은 것이 지극히 크므로 너무 자만하지 않게 하시려고 내 육체에 가시 곧 사탄의 사자를 주셨으니 이는 나를 쳐서 너무 자만하지 않게 하려 하심이라 이것이 내게서 떠나가게 하기 위하여 내가 세 번 주께 간구하였더니 나에게 이르시기를 내 은혜가 네게 족하도다 이는 내 능력이 약한 데서 온전하여짐이라 하신지라 그러므로 도리어 크게 기뻐함으로 나의 여러 약한 것들에 대하여 자랑하리니 이는 그리스도의 능력이 내게 머물게 하려 함이라

- 고린도후서 12:7-9

둘째, 성경 본문을 기도자 본인의 말로 바꾸어 기도하는 방법

각자 정한 성경 본문을 천천히 주의 깊게 조용히 반복하여 읽습니다. 읽은 본문을 묵상합니다. 무슨 내용으로 하나님께 기도할 것인가를 생각하며 묵상을 하여야 합니다. 그리고 묵상할 때 본문을 통하여 하나님을 찬양하고 감사해야 할 내용이 없는지, 회개할 내

용이 없는지, 자신에게 부족한 것과 필요한 것이 없는지, 이웃과 공동체를 위하여 간구할 내용이 없는지를 생각해 보고 종이에 기록합니다. 기록된 내용을 바탕으로 성령님의 인도하심에 따라 기도를 하십시오. 참회의 눈물과 결단의 기도를 드리십시오. 지금 필요한 모든 것을 하나님께 간구하십시오. 또 이웃과 공동체를 위하여 기도하십시오. 예를 들어 누가복음 19장 1절에서 10절의 말씀을 가지고 기도자 본인의 말로 바꾸어 기도하겠습니다.

예수께서 여리고로 들어가 지나가시더라 삭개오라 이름하는 자가 있으니 세리장이요 또한 부자라 그가 예수께서 어떠한 사람인가 하여 보고자 하되 키가 작고 사람이 많아 할 수 없어 앞으로 달려가서 보기 위하여 돌무화과나무에 올라가니 이는 예수께서 그리로 지나가시게 됨이러라 예수께서 그 곳에 이르사 쳐다 보시고 이르시되 삭개오야 속히 내려오라 내가 오늘 네 집에 유하여야 하겠다 하시니 급히 내려와 즐거워하며 영접하거늘 뭇 사람이 보고 수군거려 이르되 저가 죄인의 집에 유하러 들어갔도다 하더라 삭개오가 서서 주께 여짜오되 주여 보시옵소서 내 소유의 절반을 가난한 자들에게 주겠사오며 만일 누구의 것을 속여 빼앗은 일이 있으면 네 갑절이나 갚겠나이다 예수께서 이르시되 오늘 구원이 이 집에 이르렀으니 이 사람도 아브라함의 자손임이로다 인자가 온 것은 잃어버린 자를 찾아 구원하려 함이니라

- 누가복음 19:1-10

"주님, 주님을 만나 뵙기를 원하는 삭개오처럼 저에게 주님을 향한 갈망으로 가득차기를 원합니다. 저에게 주님을 향한 마음을 주시옵소서. 주님, 이 시간 저의 이기적인 행동으로 많은 사람들의 마음을 아프게 한 것을 회개합니다. 저의 이익을 위하여 거짓말과 진실하지 못한 행동을 했습니다. 저의 잘못을 용서하시고 부당하게 취득한 이익에 대하여는 피해 입은 사람들에게 다시 돌려 줄 수 있도록 용기를 주시옵소서."

시편 137편 16절의 말씀을 가지고 기도자 본인의 말로 바꾸어 기도하겠습니다.

우리가 바벨론의 여러 강변 거기에 앉아서 시온을 기억하며 울었도다 그 중의 버드나무에 우리가 우리의 수금을 걸었나니 이는 우리를 사로잡은 자가 거기서 우리에게 노래를 청하며 우리를 황폐하게 한 자가 기쁨을 청하고 자기들을 위하여 시온의 노래 중 하나를 노래하라함이로다 우리가 이방 땅에서 어찌 여호와의 노래를 부를까 예루살렘아 내가 너를 잊을진대 내 오른손이 그의 재주를 잊을지로다 내가 예루살렘을 기억하지 아니하거나 내가 가장 즐거워하는 것보다 더 즐거워하지 아니할진대 내 혀가 내 입천장에 붙을지로다 여호와여 예루살렘이 멸망하던 날을 기억하시고 에돔 자손을 치소서 그들의 말이 헐어 버리라 헐어 버리라 그 기초까지 헐어 버리라 하였나이다 멸망할 딸 바벨론아 네가 우리에게 행한 대로 네게 갚는 자가 복이 있

으리로다 네 어린 것들을 바위에 메어치는 자는 복이 있으리로다

- 시편 137:16

"주님 지금 저는 저의 잘못으로 인하여 주님에게서부터 멀리 떨어져 있습니다. 주님 비록 저의 잘못으로 주님 가까이 있지 않지만 그동안 저에게 베풀어 주신 은혜를 생각하며 울고 있습니다. 세상은 주님을 떠난 저에게 주님을 욕되게 하고 원망을 하라고 합니다. 주님 세상에 살아가더라도 결코 주님을 잊지 않고 주님을 가장 큰 기쁨으로 여기며 다시 주님 가까이 갈 수 있도록 도와주시옵소서."

시편 51편 1절에서부터 4절까지의 말씀을 가지고 기도자 본인의 말로 바꾸어 기도하겠습니다.

하나님이여 주의 인자를 따라 내게 은혜를 베푸시며 주의 많은 긍휼을 따라 내 죄악을 지워 주소서 나의 죄악을 말갛게 씻으시며 나의 죄를 깨끗이 제하소서 무릇 나는 내 죄과를 아오니 내 죄가 항상 내 앞에 있나이다 내가 주께만 범죄하여 주의 목전에 악을 행하였사오니 주께서 말씀하실 때에 의로우시다 하고 주께서 심판하실 때에 순전하시다 하리이다

- 시편 51:1-4

"하나님 아버지 제가 아는 하나님은 사랑과 은혜가 넘치는 하나님이

십니다. 또 긍휼한 하나님이십니다. 저는 이와 같은 하나님을 아버지라 부를 수 있어 너무 행복합니다. 그런데 하나님 아버지 저는 지금 아버지 앞에 얼굴을 들 수 없습니다. 너무 많은 죄를 지었습니다. 차마 하나님 아버지 앞에 나와 기도를 드리는 것조차 부끄러운 일입니다. 그러나 미쁘신 하나님 아버지께 죄 용서를 구하면 용서해 주신다는 약속의 말씀을 믿고 하나님의 사랑과 은혜를 믿고 용서의 기도를 드리오니 저를 용서하여 주시옵소서."

시편 57편 1장에서부터 11장까지의 말씀을 가지고 기도자 본인의 말로 바꾸어 기도하겠습니다.

하나님이여 내게 은혜를 베푸소서 내게 은혜를 베푸소서 내 영혼이 주께로 피하되 주의 날개 그늘 아래에서 이 재앙들이 지나기까지 피하리이다 내가 지존하신 하나님께 부르짖음이여 곧 나를 위하여 모든 것을 이루시는 하나님께로다 그가 하늘에서 보내사 나를 삼키려는 자의 비방에서 나를 구원하실지라 (셀라) 하나님이 그의 인자와 진리를 보내시리로다 내 영혼이 사자들 가운데에서 살며 내가 불사르는 자들 중에 누웠으니 곧 사람의 아들들 중에라 그들의 이는 창과 화살이요 그들의 혀는 날카로운 칼 같도다 하나님이여 주는 하늘 위에 높이 들리시며 주의 영광이 온 세계 위에 높아지기를 원하나이다 그들이 내 걸음을 막으려고 그물을 준비하였으니 내 영혼이 억울하도다 그들이 내 앞에 웅덩이를 팠으나 자기들이 그중에 빠졌도다 (셀라)하나님이여 내 마음이 확정되었고 내 마음이 확정되었사오니 내가 노래하고 내가 찬송하리이다 내 영광아 깰지어다 비파야, 수금아, 깰지어다 내가 새벽을 깨우리로다 주여 내가 만민 중에서 주께 감사하오며 뭇 나라 중에서 주를 찬송하리이다 무릇 주의 인자는 커서 하늘에 미치고 주의 진리는 궁창에 이르나이다 하나님이여 주는 하늘 위에 높이 들리시며 주의 영광이 온 세계 위에 높아지기를 원하나이다

- 시편 57:1-11

"하나님 아버지 저에게 은혜를 베풀어 주시옵소서. 저는 지금 너무 큰 어려움에 빠져 있습니다. 잘 나가고 좋을 때에는 하나님 아버지를 찾지 않고 모든 것을 스스로 해결하고 살았습니다. 이제 어려움 앞에 놓인 저는 저 스스로 어떻게 할 수 없어 하나님 아버지를 찾아 왔습니다. 하나님 아버지 어리석고 불쌍한 저를 용서하여 주시옵소서. 저를 외면하지 마시고 아버지의 품으로 감싸 주시옵소서. 저를 엄습하고 있는 모든 어려움을 해결해 주시고 또한 해방시켜 주시옵소서. 제가 당하고 있는 어려움은 저를 적대시하는 사람들의 모함입니다. 저는 억울합니다. 저의 억울함을 해결하여 주시옵소서."

시편 19편 1장에서부터 14장까지의 말씀을 가지고 기도자 본인의 말로 바꾸어 기도하겠습니다.

하늘이 하나님의 영광을 선포하고 궁창이 그의 손으로 하신 일을 나

타내는도다 날은 날에게 말하고 밤은 밤에게 지식을 전하니 언어도 없고 말씀도 없으며 들리는 소리도 없으나 그의 소리가 온 땅에 통하고 그의 말씀이 세상 끝까지 이르도다 하나님이 해를 위하여 하늘에 장막을 베푸셨도다 해는 그의 신방에서 나오는 신랑과 같고 그의 길을 달리기 기뻐하는 장사 같아서 하늘 이 끝에서 나와서 하늘 저 끝까지 운행함이여 그의 열기에서 피할 자가 없도다 여호와의 율법은 완전하여 영혼을 소성시키며 여호와의 증거는 확실하여 우둔한 자를 지혜롭게 하며 여호와의 교훈은 정직하여 마음을 기쁘게 하고 여호와의 계명은 순결하여 눈을 밝게 하시도다 여호와를 경외하는 도는 정결하여 영원까지 이르고 여호와의 법도 진실하여 다 의로우니 금 곧 많은 순금보다 더 사모할 것이며 꿀과 송이꿀보다 더 달도다 또 주의 종이 이것으로 경고를 받고 이것을 지킴으로 상이 크니이다 자기 허물을 능히 깨달을 자 누구리요 나를 숨은 허물에서 벗어나게 하소서 또 주의 종에게 고의로 죄를 짓지 말게 하사 그 죄가 나를 주장하지 못하게 하소서 그리하면 내가 정직하여 큰 죄과에서 벗어나겠나이다 나의 반석이시요 나의 구속자이신 여호와여 내 입의 말과 마음의 묵상이 주님 앞에 열납되기를 원하나이다

- 시편 19:1-14

"하나님 아버지 아버지의 말씀은 완전하시어 저에게 생기를 북돋우어 주시고 어리석은 저를 깨우쳐 주십니다. 또 하나님의 말씀은 저에게 마음의 기쁨을 안겨 주시고 저의 눈을 밝혀 주십니다. 또한 하나

님의 말씀은 티 없이 맑아서 영원토록 견고하시어 저에게 변함없는 깨달음을 주십니다. 하나님 아버지, 하나님의 말씀은 순금보다 더 탐스럽고 송이 꿀보다 더 달콤합니다. 하나님 아버지, 아버지께서 저에게 귀한 말씀을 주시어 깨닫게 하시지만 말씀대로 살지 못하고 죄를 짓고 살아가고 있습니다. 아버지 저를 죄악으로 벗어나게 하시고 저를 하나님의 뜻 가운데로 인도하여 주시옵소서. 삶 속에서 하나님의 뜻을 행하며 살아가게 하소서. 제가 다시 죄악으로 들어가지 않게 지켜주시옵소서. 주는 저의 반석이요 구원자이십니다."

갈라디아서 5장 22절에서부터 23절까지의 말씀을 가지고 기도자 본인의 말로 바꾸어 기도하겠습니다.

오직 성령의 열매는 사랑과 희락과 화평과 오래 참음과 자비와 양선과 충성과 온유와 절제니 이 같은 것을 금지할 법이 없느니라
- 갈라디아서 5:22-23

"하나님 아버지 성령의 열매대로 살아가길 원합니다. 성령님이 저의 심령을 다스려 주소서. 사랑하는 마음으로 하나님의 사랑, 이웃을 사랑하며 항상 기쁨이 넘치게 살아가게 하시고, 하나님과의 관계가 화평하고 이웃과의 관계도 화평하고 하나님을 모르는 이웃들에게 하나님의 사랑을 전하는 피스 메이커로 살아가게 하시고, 저의 심령도 화평하게 하소서. 살아가는 동안 어려운 난관에 임하더라도 인내하며

살아가게 해주시고 저에게도 하나님의 긍휼한 마음을 주시어 이웃들에게 어려움을 외면하게 하지 마시고 선을 행하며 살아가게 하소서. 하나님 아버지 아버지께서 저에게 주신 사명을 잘 감당하게 하시고 착하고 충성된 하나님의 자녀로 살아가게 하소서. 교만하지 않고 항상 겸손하게 살아가게 하시고 과하지도 않고 부족하지도 않게 항상 절제된 삶을 살아가게 하소서."

고린도전서 13장 4절에서부터 7절까지의 말씀을 가지고 기도자 본인의 말로 바꾸어 기도하겠습니다.

사랑은 오래 참고 사랑은 온유하며 시기하지 아니하며 사랑은 자랑하지 아니하며 교만하지 아니하며 무례히 행하지 아니하며 자기의 유익을 구하지 아니하며 성내지 아니하며 악한 것을 생각하지 아니하며 불의를 기뻐하지 아니하며 진리와 함께 기뻐하고 모든 것을 참으며 모든 것을 믿으며 모든 것을 바라며 모든 것을 견디느니라

- 고린도전서 13:4-7

"하나님 아버지 저희들은 이웃을 사랑한다고 말은 합니다. 하나님께서 명령하신 계명이기에 하나님 자녀로서 이웃을 사랑하지 않을 수 없기 때문입니다. 그러나 저희들 사랑의 모습은 진정한 사랑이 아님을 고백합니다. 하나님께서 저희에게 주신 사랑하는 방법대로 살아가게 하소서. 저희가 이웃을 사랑할 때 오래 참게 하시고 온유한 마음

을 주시어 시기하거나 자랑하거나 교만하지 않게 하소서. 이웃을 대할 때 예의에 어긋나지 않게 하시고 저의 이익보다도 이웃의 이익을 먼저 구하게 하시고 성내거나 화내지 못하게 하시고 나쁜 생각이나 이웃이 잘못되기를 하지 못하게 하시고 이웃과 함께 기뻐하고 슬퍼하게 하소서. 이웃을 신뢰하고 끝까지 참으며 이웃이 잘되기를 바라게 하소서."

에베소서 6장 13절에서부터 7절까지의 말씀을 가지고 기도자 본인의 말로 바꾸어 기도하겠습니다.

그러므로 하나님의 전신 갑주를 취하라 이는 악한 날에 너희가 능히 대적하고 모든 일을 행한 후에 서기 위함이라 그런즉 서서 진리로 너희 허리 띠를 띠고 의의 호심경을 붙이고 평안의 복음이 준비한 것으로 신을 신고 모든 것 위에 믿음의 방패를 가지고 이로써 능히 악한 자의 모든 불화살을 소멸하고 구원의 투구와 성령의 검 곧 하나님의 말씀을 가지라

- 에베소서6:13-17

"하나님 아버지 오늘 하루 영적 전쟁터로 나갑니다. 하나님의 전신 갑주를 입기를 원합니다. 저에게 하나님의 전신 갑주를 입게 하시옵소서. 허리에는 진리의 허리띠를, 가슴에는 의의 호심경을, 발에는 평안과 복음의 신발을, 한손에는 믿음의 방패를, 한손에는 성령의 검을,

머리에는 구원의 투구를 입어주시옵소서. 오늘 하루 육체의 정욕과 세상의 유혹과 사탄의 미혹이 있을지라도 하나님의 전신 갑주를 물리치게 하시옵고 영적 전쟁에서 승리하는 하루 되게 하시옵소서."

Chapter 9

기도 응답은
다 이루어집니까?

내 하나님이여 내가 낮에도 부르짖고 밤에도 잠잠하지 아니하오나

응답하지 아니하시나이다

- 시편 22:2

성경 본문에서는 "내가 낮에도 부르짖고 밤에도 잠잠하지 아니하오나 응답하지 아니하시나이다"라고 말씀하고 있습니다. 다윗은 온종일 불러도 대답하지 않으시고 모르는 체하시는 하나님에게 호소를 합니다. 본문과 같이 하나님은 모든 기도에 다 응답하시지 않습니다. 만일 하나님께 드리는 기도가 동시다발적으로 다 이루어진다면 어떻게 되겠습니까? 세상은 질서 없이 뒤죽박죽 뒤섞여 극히 혼란스러울 것입니다. 하나님은 이와 같이 혼란스럽게 하실 분이 아니십니다. 하나님은 질서 있고 조화롭게 이 세상을 창조하셨고 다스리십니다. 기도 응답은 하나님의 때에 하나님의 방법대로 이루어집니다.

1. 하나님의 기도 응답 방법

우리는 기도한 모든 것이 우리가 원하는 대로 이루어지기를 바랍니다. 그러나 하나님은 우리의 기도에 대하여 4가지의 방법으로 응답하십니다. 첫째는 'OK'식의 응답입니다. 우리가 원하는 대로 응답해주십니다. 둘째는 'No'식의 응답입니다. 우리가 원하는 것에 대하여 응답해 주시지 않습니다. 셋째는 'Another'식의 응답입니다. 우리가 원하는 대로 응답하시는 것이 아니라 다른 것으로 응답해 주십니다. 넷째는 'Stand by'식의 응답입니다. 기도 응답이 지연(기다림)되는 경우입니다. 본서에서는 이 4가지 응답 방법 중 우리가 관심을 가지고 알아야 할 2가지 방법, 즉 응답해 주시지 않는 'NO'식의 응답과 응답이 지연되는 'Stand by'식의 응답에 대해서만 알아보겠습니다.

OK식 응답: 한나의 기도

주의 여종에게 아들을 주시면 내가 그의 평생에 그를 여호와께 드리고 삭도를 그의 머리에 대지 아니하겠나이다

- 사무엘상 1:11

한나가 임신하고 때가 이르매 아들을 낳아 사무엘이라 이름하였으니 이는 내가 여호와께 그를 구하였다 함이더라

- 사무엘상 1:20

NO식 기도: 바울의 기도

여러 계시를 받은 것이 지극히 크므로 너무 자만하지 않게 하시려고 내 육체에 가시 곧 사탄의 사자를 주셨으니 이는 나를 쳐서 너무 자만하지 않게 하려 하심이라 이것이 내게서 떠나가게 하기 위하여 내가 세 번 주께 간구하였더니

- 고린도후서 1:7-8

나에게 이르시기를 내 은혜가 네게 족하도다 이는 내 능력이 약한 데서 온전하여짐이라 하신지라 그러므로 도리어 크게 기뻐함으로 나의 여러 약한 것들에 대하여 자랑하리니 이는 그리스도의 능력이 내게 머물게 하려 함이라

- 고린도후서 12:9

Another식 응답: 솔로몬의 기도

누가 주의 이 많은 백성을 재판할 수 있사오리이까 듣는 마음을 종에게 주사 주의 백성을 재판하여 선악을 분별하게 하옵소서

- 열왕기상 3:9

내가 네 말대로 하여 네게 지혜롭고 총명한 마음을 주노니 네 앞에도 너와 같은 자가 없었거니와 네 뒤에도 너와 같은 자가 일어남이 없으

리라 내가 또 네가 구하지 아니한 부귀와 영광도 네게 주노니 네 평생
에 왕들 중에 너와 같은 자가 없을 것이라

- 열왕기상 3:12-13

Stand by식 응답: 순교자의 신원

다섯째 인을 떼실 때에 내가 보니 하나님의 말씀과 그들이 가진 증거
로 말미암아 죽임을 당한 영혼들이 제단 아래에 있어 큰 소리로 불러
이르되 거룩하고 참되신 대주재여 땅에 거하는 자들을 심판하여 우
리 피를 갚아 주지 아니하시기를 어느 때까지 하시려 하나이까 하니

- 요한계시록 6:9-10

각각 그들에게 흰 두루마기를 주시며 이르시되 아직 잠시 동안 쉬되
그들의 동무 종들과 형제들도 자기처럼 죽임을 당하여 그 수가 차기
까지 하라 하시더라

- 요한계시록 6:11

2. 왜 기도하는 모든 것이 원하는 대로 이루어지지 않습니까?

대학수능시험 준비도 제대로 하지 않은 채 "주여 수능 점수가 상
위권에 들게 해주시옵소서", 입사 준비도 제대로 하지 않은 채 "주

여 이 회사에 꼭 입사할 수 있도록 도와주시옵소서", 노름꾼이 "이번 노름판에서 따게 해 주시옵소서"라고 기도할 때 하나님께서 이와 같은 기도에 응답해 주시겠습니까? 성경에는 하나님께서 우리의 기도에 응답해 주신다는 말씀이 기록되어 있습니다. 그런데 우리는 왜 기도의 응답을 받지 못할까요? 그 이유를 알아보겠습니다.

첫째, 우리의 기도에 응답해 주신다는 성경 말씀들입니다.

> 네가 부를 때에는 나 여호와가 응답하겠고 네가 부르짖을 때에는 내가 여기 있다 하리라 만일 네가 너희 중에서 멍에와 손가락질과 허망한 말을 제하여 버리고
>
> - 이사야 58:9

> 내가 또 너희에게 이르노니 구하라 그러면 너희에게 주실 것이요 찾으라 그러면 찾아낼 것이요 문을 두드리라 그러면 너희에게 열릴 것이니
>
> - 누가복음 11:9

> 도우심을 입었으므로 하갈 사람과 그들과 함께 있는 자들이 다 그들의 손에 패하였으니 이는 그들이 싸울 때에 하나님께 의뢰하고 부르짖으므로 하나님이 그들에게 응답하셨음이라
>
> - 역대상 5:20

우리는 기도의 응답에 대한 약속의 말씀들을 대하면 우리가 드리는 모든 기도가 다 응답받을 것 같은 확신을 가집니다. 그러나 실제로 우리의 기도가 다 응답받는 것은 아닙니다. 우리가 간절한 마음으로 열렬히 기도하지만 기도의 응답이 없는 경우도 많습니다. 그 이유를 알기 위해서는 성경에는 기도 응답을 확실히 보장하는 말씀도 있지만 응답받지 못한 기도에 대한 말씀도 있음을 알아야 합니다.

둘째, 응답받지 못한 기도에 대한 성경 말씀들입니다.

> 그때에 내가 여호와께 간구하기를 주 여호와여 주께서 주의 크심과 주의 권능을 주의 종에게 나타내시기를 시작하셨사오니 천지간에 어떤 신이 능히 주께서 행하신 일 곧 주의 큰 능력으로 행하신 일 같이 행할 수 있으리이까 구하옵나니 나를 건너가게 하사 요단 저쪽에 있는 아름다운 땅, 아름다운 산과 레바논을 보게 하옵소서 하되 여호와께서 너희 때문에 내게 진노하사 내 말을 듣지 아니하시고 내게 이르시기를 그만해도 족하니 이 일로 다시 내게 말하지 말라 너는 비스가 산 꼭대기에 올라가서 눈을 들어 동서남북을 바라고 네 눈으로 그 땅을 바라보라 너는 이 요단을 건너지 못할 것임이니라
>
> - 신명기 3:23-27

여호와께서 모세와 아론에게 이르시되 너희가 나를 믿지 아니하고

이스라엘 자손의 목전에 나의 거룩함을 나타내지 아니한고로 너희는
이 총회를 내가 그들에게 준 땅으로 인도하여 들이지 못하리라 하시
니라

모세의 기도입니다. 하나님의 명령에 따라 이스라엘 백성을 애굽
땅에서 이끌고 나온 모세는 므리바(물이 없어 이스라엘 백성이 모세와
다투고 하나님을 시험했던 곳)에서 하나님의 거룩함을 나타내지 않았
다는 이유로 약속의 땅 가나안에 들어 갈 수가 없었습니다. 모세
는 하나님께 요단강을 건너서 약속의 땅으로 들어가게 해주시기를
구하였습니다. 그러나 하나님께서는 모세의 기도에 응답해 주시지
않았습니다. 결국 모세는 약속의 땅에 들어가지 못했습니다.

나단이 자기 집으로 돌아가니라 우리아의 아내가 다윗에게 낳은 아
이를 여호와께서 치시매 심히 앓는지라 다윗이 그 아이를 위하여 하
나님께 간구하되 다윗이 금식하고 안에 들어가서 밤새도록 땅에 엎드
렸으니 그 집의 늙은 자들이 그 곁에 서서 다윗을 땅에서 일으키려
하되 왕이 듣지 아니하고 그들과 더불어 먹지도 아니하더라 이레 만
에 그 아이가 죽으니라 그러나 다윗의 신하들이 아이가 죽은 것을 왕
에게 아뢰기를 두려워하니 이는 그들이 말하기를 아이가 살았을 때
에 우리가 그에게 말하여도 왕이 그 말을 듣지 아니하셨나니 어떻게
그 아이가 죽은 것을 그에게 아뢸 수 있으랴 왕이 상심하시리로다 함

이라 다윗이 그의 신하들이 서로 수군거리는 것을 보고 그 아이가 죽은 줄을 다윗이 깨닫고 그의 신하들에게 묻되 아이가 죽었느냐 하니 대답하되 죽었나이다 하는지라

- 사무엘하 12:15-19

다윗의 기도입니다. 다윗은 부하인 우리아의 아내 밧세바와의 간음으로 출생한 아이가 병들자 그의 아들을 살리기 위하여 기도를 드렸습니다. 그러나 하나님께서 다윗의 기도에 응답해 주시지 않았습니다. 결국 아들은 죽었습니다.

여러 계시를 받은 것이 지극히 크므로 너무 자만하지 않게 하시려고 내 육체에 가시 곧 사탄의 사자를 주셨으니 이는 나를 쳐서 너무 자만하지 않게 하려 하심이라 이것이 내게서 떠나가게 하기 위하여 내가 세 번 주께 간구하였더니 나에게 이르시기를 내 은혜가 네게 족하도다 이는 내 능력이 약한 데서 온전하여짐이라 하신지라 그러므로 도리어 크게 기뻐함으로 나의 여러 약한 것들에 대하여 자랑하리니 이는 그리스도의 능력이 내게 머물게 하려 함이라

- 고린도후서 12:7-9

바울의 기도입니다. 사도 바울은 육체의 가시를 제거해 달라고 세 번이나 기도했습니다. 그러나 하나님께서 바울의 기도에 응답해 주시지 않는 대신에 네 은혜가 족하다고 말씀하였습니다.

셋째, 기도 응답에 대해 많은 약속이 있는데 기도 응답을 받지 못한 이유는 무엇입니까?

그 이유는 성경 말씀을 하나로 연결된 하나님의 진리로 보지 않는 데 있습니다. 즉 성경 말씀을 전체 문맥 속에서 이해하지 않는 데 있습니다. 성경 말씀에는 기도 응답의 약속들을 제한하는 단서 조항들이 있기 때문에 무엇이든 기도한다고 무조건 다 이루어진 것은 아닙니다.

3. 기도 응답의 성경 말씀을 입체적으로 보아야 합니다

첫째, 기도 응답의 성경 말씀의 의미를 입체적인 관점에서 해석해야 합니다.

> 너희가 내 안에 거하고 내 말이 너희 안에 거하면 무엇이든지 원하는
> 대로 구하라 그리하면 이루리라
>
> - 요한복음 15:7

성경 본문에서는 "무엇이든지 원하는 대로 구하라 그리하면 이루리라"라고 말씀하고 있습니다. 이 성경 말씀을 모든 기도가 다 응답받는다는 의미로만 해석해서는 안 됩니다. '무엇이든지'의 '이든

지'는 둘 이상의 일을 나타내는 보조사입니다. 기도 응답 측면에서만 해석하지 말고 기도할 대상과 기도 내용의 다양성 측면에서도 해석되어야 합니다. 기도할 대상이 자기 자신이든 이웃이든 교회이든 국가이든 관계없다는 의미이며 기도 내용이 영적이든 육적이든 다 기도할 수 있습니다.

둘째, 기도 응답의 성경 말씀은 반드시 문맥을 살펴보고 해석해야 합니다.

성경 말씀을 하나로 연결된 하나님의 진리로 보지 않고 제각각인 말씀들을 단순히 모아 놓은 것으로만 보는 것은 잘못된 일입니다. 성경 말씀에는 하나님께서 무조건 응답하시는 것이 아니라 반드시 기도 응답의 전제 조건이 있습니다. 하지만 우리는 전제 조건을 무시하고 기도 응답의 성경구절만 믿고 기도 응답을 기다리는 잘못을 범하고 있습니다. 기도 응답의 성경말씀은 반드시 문맥을 살펴보고 해석하여야 합니다.

예를 들어 보겠습니다.

> 너희가 내 안에 거하고 내 말이 너희 안에 거하면 무엇이든지 원하는
> 대로 구하라 그리하면 이루리라
>
> - 요한복음 15:7

성경 말씀은 "너희가 내 안에 거하고 내 말이 너희 안에 거하면"과 "무엇이든지 원하는 대로 구하라 이루리라" 두 구절로 나눌 수 있습니다. 앞 구절은 기도 응답의 전제 조건입니다. 뒤 구절은 기도 응답의 확신입니다. 우리는 기도 응답의 전제 조건 구절인 "너희가 내 안에 거하고 내 말이 너희 안에 거하면"을 무시하고 조건을 이행하지 않으면서 바로 "무엇이든지 원하는 대로 구하라 그리하면 이루리라" 기도 응답의 확신 구절만 믿습니다.

4. 왜 기도 응답이 지연됩니까?

> 하물며 하나님께서 그 밤낮 부르짖는 택하신 자들의 원한을 풀어 주지 아니하시겠느냐 그들에게 오래 참으시겠느냐 내가 너희에게 이르노니 속히 그 원한을 풀어 주시리라 그러나 인자가 올 때에 세상에서 믿음을 보겠느냐 하시니라
>
> **- 누가복음 18:7-8**

앞에서 본 것과 같이 기도 응답이 없는 경우도 있지만 기도 응답이 지연되는 경우도 있습니다. 성경 본문에서는 "밤낮 부르짖는 택하신 자들의 원한을 풀어주지 아니하시겠느냐 그들에게 오래 참으시겠느냐"라고 말씀하고 있습니다. 즉 기도 응답에 대한 지연에 대하여 말씀하고 있습니다. 비록 하나님의 뜻에 합한 기도를 드릴지

라도 기도 응답은 어디까지나 하나님의 시간표에 따릅니다. 즉 기도 응답은 온전히 하나님의 뜻에 따라 결정하십니다.

> 그가 내게 이르되 다니엘아 두려워하지 말라 네가 깨달으려 하여 네 하나님 앞에 스스로 겸비하게 하기로 결심하던 첫날부터 네 말이 응답받았으므로 내가 네 말로 말미암아 왔느니라 그런데 바사 왕국의 군주가 이십 일일 동안 나를 막았으므로 내가 거기 바사 왕국의 왕들과 함께 머물러 있더니 가장 높은 군주 중 하나인 미가엘이 와서 나를 도와주므로 이제 내가 마지막 날에 네 백성이 당할 일을 네게 깨닫게 하러 왔노라 이는 이 환상이 오랜 후의 일임이라 하더라
>
> - 다니엘 10:12-14

성경 본문에서는 "결심하던 첫날부터 네 말이 응답받았으므로"라고 말씀하고 있습니다. 하나님께서는 다니엘이 기도한 첫날 그의 기도를 들으시고 응답해 주시기로 했습니다. 또한 성경 본문에서는 "그런데 바사 왕국의 군주가 이십 일일 동안 나를 막았으므로"라고 말씀하고 있습니다. 기도 응답이 다니엘에게 전하기까지는 21일이나 지연되었습니다. 그 이유는 기도 응답의 방해꾼인 바사 왕국의 군주(사탄)가 막았기 때문입니다. 그러나 다니엘은 이십 일일 동안 꾸준히 기도한 결과 하나님으로부터 응답을 받았습니다. 우리의 기도에도 기도 응답의 방해꾼이 있을 것입니다. 그러나 다니엘처럼 인내하며 기도를 하면 반드시 하나님으로부터 응답을 받

을 것입니다. 성도님은 기도 응답이 있을 때까지 인내하며 기도를 드리고 있습니까?

> 다섯째 인을 떼실 때에 내가 보니 하나님의 말씀과 그들이 가진 증거로 말미암아 죽임을 당한 영혼들이 제단 아래에 있어 큰 소리로 불러 이르되 거룩하고 참되신 대주재여 땅에 거하는 자들을 심판하여 우리 피를 갚아 주지 아니하시기를 어느 때까지 하시려 하나이까 하니 각각 그들에게 흰 두루마기를 주시며 이르시되 아직 잠시 동안 쉬되 그들의 동무 종들과 형제들도 자기처럼 죽임을 당하여 그 수가 차기까지 하라 하시더라
>
> - 요한계시록 6:9-11

성경 본문에서는 "우리 피를 갚아 주지 아니하시기를 어느 때까지 하시려 하나이까"라고 말씀하고 있습니다. 순교자들이 하나님께 언제 원수를 갚아 주실 것인지를 묻는 기도를 드립니다. 또한 성경 본문에서는 "그 수가 차기까지 하라"라고 말씀하고 있습니다. 하나님은 즉시 응답하기보다 순교자의 수가 찰 때까지 기도의 응답을 지연시키십니다.

5. 기도 응답을 지연시키는 이유

첫째, 하나님께서 세상을 주권적으로 통치하기 위하여 기도 응답을 지연시키십니다.

> 모든 일을 그의 뜻의 결정대로 일하시는 이의 계획을 따라 우리가 예정을 입어 그 안에서 기업이 되었으니
>
> - 에베소서 1:11

성경 본문에서는 "모든 일을 그의 뜻의 결정대로", "일하시는 이의 계획에 따라"라고 말씀하고 있습니다. 하나님은 주권의 하나님이십니다. 하나님의 뜻에 따라 계획적으로 통치하십니다. 즉 세상을 주권적으로 통치하시기 위하여 기도 응답을 지연시키십니다.

둘째, 우리를 온전한 사람으로 만들기 위하여 기도 응답을 지연시키십니다.

> 인내를 온전히 이루라 이는 너희로 온전하고 구비하여 조금도 부족함이 없게 하려 함이라
>
> - 야고보서 1:4

성경 본문에서는 "인내를 온전히 이루라 이는 너희를 온전하고"

라고 말씀하고 있습니다. 우리를 더 성숙하고 온전한 사람으로 만들기 위해서 기도 하나님은 응답을 지연시키십니다.

6. 기도 응답 지연에 대한 우리의 자세

첫째, 하나님의 뜻에 합한 기도를 했다면 반드시 응답이 있다는 확신을 가져야 합니다.

> 그 작은 자가 천 명을 이루겠고 그 약한 자가 강국을 이룰 것이라 때
> 가 되면 나 여호와가 속히 이루리라
>
> - 이사야 60:22

성경 본문에서는 "때가 되면 나 여호와가 속히 이루리라"라고 말씀하고 있습니다. 하나님은 하나님의 때가 이르면 지체 없이 우리에게 응답해 주십니다. 기도 응답이 지연되더라도 하나님과 그의 약속을 믿고 끝까지 기도해야 합니다. 하나님의 뜻에 합한 기도를 했다면 반드시 응답이 있다는 것을 확신하십시오.

둘째, 기도 응답이 있을 때까지 인내하고 기다려야 합니다.

그러므로 형제자매 여러분, 주님께서 오실 때까지 참고 견디십시오.

보십시오, 농부는 이른 비와 늦은 비가 땅에 내리기까지 오래 참으며,
땅의 귀한 소출을 기다립니다. 여러분도 참으십시오. 마음을 굳게 하
십시오. 주님께서 오실 때가 가깝습니다.

- 새 번역성경 야고보서 5:7-8

우리가 선을 행하되 낙심하지 말지니 포기하지 아니하면 때가 이르
매 거두리라

- 갈라디아서 6:9

성경 본문에서는 "주님께서 오실 때까지 참고 견디십시오", " 땅
의 귀한 소출을 기다립니다", "때가 이르매 거두리라"라고 말씀하
고 있습니다. 지연된 기도 응답 중 어떤 것들은 최종적으로 예수님
이 재림하실 때 주어질 것입니다. 그러므로 우리는 우리의 인생이
끝나는 순간까지, 그리고 예수님께서 재림하실 때까지 기도해야
합니다. 그리고 성경 본문에서는 "여러분도 참으십시오. 마음을 굳
게 하십시오. 주님께서 오실 때가 가깝습니다"라고 말씀하고 있습
니다. "주 예수여 오시옵소서" 기도에 응답이 즉시 오지 않을 때
우리는 인내와 확신을 가지고 오래 참는 기도를 드려야 합니다.

글을 마치면서 다시 한번 더 강조합니다. 기도는 속도보다 방향
이며 양보다 질이 더 중요합니다. 그리고 기도의 방향과 질의 핵심
은 하나님과 하나님의 뜻입니다. 하나님의 뜻에 합한 기도자가 하
나님의 뜻에 합한 기도 내용과 기도 방법으로 하나님께 기도할 때

하나님의 때에 하나님의 뜻에 합한 기도 응답이 있음을 확신합니다. "주여 우리에게도 기도를 가르쳐 주시옵소서."